KB129254

오후 4시부터
자유로워지는 일습관

호리우치 도키코 지음
김정환 옮김

행복지수 세계 1위 핀란드의 업무 노하우

오후 4시부터 자유로워지는 일습관

자음과모음

일본 공항에서 이륙한 지 약 9시간. 창문으로 아래를 내려다보니 푸른 숲과 밭 그리고 호수가 여기저기에 보인다. 언제 봐도 마음이 포근해지는 풍경이다.

핀란드는 전보다 더 가까운 나라가 되었다. 15년 전까지만 해도 일주일에 2회밖에 운항하지 않았던 일본-핀란드 직항편이 현재는 40회를 넘어섰고, 항공편의 증가와 더불어 여행 또는 유학을 목적으로 핀란드를 방문하는 사람도 늘어났다. 그들이 핀란드를 찾은 계기는 다양하다. 디자인, 무민(핀란드 작가 토베 얀손이 만든 캐릭터-옮긴이), 오로라, 사우나에 매료된 사람도 있을 것이고, 핀란드의 교육이나 사회복지에 관심이 많은 사람도 있을 것이다. 어쩌면 2018년과 2019년에 세계행복지수 1위를 차지한 것을 보고 흥미를 느낀 사람도 있을지 모른다.

핀란드에 처음 갔을 때 나를 매료시켰던 것은 여름의 아름다운 자연과 느긋하고 균형 잡힌 생활을 하는 사람들이었다. 사실 이 이야기를 하면 핀란드 사람들은 항상 "하지만 실제로 여기에서 살면서 겨울을 겪어보니 내가 생각을 잘못했구나 싶었지?"라며 놀린다. 분명히 유학 온 첫해에 해가 떠 있는 낮이 고작 3시간밖에 되지 않는 11월을 경험했을 때는 계속되는 어둠에 질릴 정도였다. 그래도 겨울 나름의 좋은 점도 있다. 가령 밖은 영하 20도를 밑돌아도 실내에서는 티셔츠 한 장만 입고도 괜찮을 만큼 따뜻하고 쾌적하다. 또, 꽁꽁 얼어붙은 날에 새파란 하늘과 새하얀 설경이 대비를 이루며 만들어내는 풍경은 절로 감탄이 나올 만큼 아름답다.

당시에는 EU 이외의 지역에서 온 학생도 수업료를 내지 않고 공부할 수 있었고, 나는 중부 핀란드의 이위베스퀼레라는 도시로 유학을 갔다. 처음에는 2년 정도만 공부하고 돌아올 생각이었지만 살기 좋아 결국 5년을 있었다. 그리고 그사이 공부뿐만 아니라 일본어를 가르치고 대학교와 기업에서 아르바이트하는 등 다양한 경험을 했다. 귀국한 뒤에는 핀란드계 기업에서 8년 일했고, 6년 전부터 핀란드 대사관에서 일하며 많은 핀란드인을 만났다. 그런 경험을 통해 배운 핀란드의 생활 방식과 업무 방식, 그리고 그들의 사고방식은 내게 커다란 영향을 끼쳤다.

일본과 핀란드는 풍부한 자연, 조금 부끄러움을 타면서도 성실함과 겸손함을 갖춘 사람들의 성격 등 공통점이 많다. 반면에 일과 생활의 균형이나 휴식에 대한 인식, 조직 안에서의 관계성 등 큰 차이가 느껴지는 부분도 있다.

핀란드에서는 오후 4시를 넘기는 순간 사무실에서 사람들이 썰물처럼 빠져나간다. 여름이 되면 한 달이 넘는 휴가를 즐긴다. 퇴근 후 여가시간에는 숲이나 호수에서 산책 또는 조깅을 하고, 여름이 되면 천연 수영장에서 헤엄친다. 상사를 이름으로 부르고, 휴식시간이나 일하는 방식을 공개적으로 교섭한다. 재택근무도 많다. 그럼에도 사회가 나름 잘 돌아가고, 찬란하게 빛나는 기업도 있으며, 이노베이션으로 세계를 선도하는 나라 중 하나이기도 하다. 솔직히 '어떻게 저게 가능하지?'라는 생각이 들 수밖에 없는 부분이 많다.

일본에서는 최근 수년간 일하는 방식 개혁이라는 구호와 함께 일과 생활의 균형이라는 말이 자주 사용돼왔다.

느리기는 하지만 조금씩 일하는 방식이 바뀌고 있다. 현재의 일본이 지향하는 방향으로 계속 나아간다면 아마도 그 끝에는 핀란드가 있지 않을까?

두 나라는 인구 규모도 법률도 제도도 다르다. 다만 그런 차이는 있을지언정 일상생활이나 사고방식, 사소한 부분에서 배울 점이 있지 않을까? 다른 나라에 대해서 알게 되면 지금까지 무의식적으로 '이게 당연해' '이래야 해' 하고 느꼈던 것을 새로운 시각으로 바라볼 수 있게 될지도 모른다.

핀란드의 일상생활과 그 속에서 얻은 사소한 깨달음을 공유하고 싶다는 마음에서 이 책을 쓰게 되었다. 핀란드가 무조건 행복하기만 한 곳은 아니지만, 세계행복지수 1위라는 결과를 만들어낸 배경과 현재 상황을 일과 일상이라는 시점에서 살펴보려 한다. 그럼 지금부터 여러분을 핀란드로 안내하겠다!

차례

여는 글 4

제1장
무엇이 핀란드를 행복하게 만드는가

4년 연속 행복지수 1위 15 / 여유에서 행복을 느낀다 18 / 얼마나 만족하고 있을까? 20 / 나답게 살 수 있는 나라 23 / 1인당 GDP 세계 16위 25 / 거시 경제의 안정성 세계 1위 27 / 높게 평가받는 인프라와 교육 29 / 유럽의 실리콘밸리 31 / 록페스티벌 같은 스타트업 축제 33 / 무엇이 좋은 나라를 만드는가 35 / 두 번째로 격차가 적은 나라 37 / 처음부터 행복하지는 않았다 39 / 균형 잡힌 생활 41 / 야근은 거의 하지 않는다 43 / 핀란드도 낙원은 아니지만 45

제2장
오후 4시면 일이 끝나는 일습관의 비밀

오후 4시가 넘으면 모두 퇴근한다 49 / 퇴근하는 것이 당연하다는 생각 53 / 재택근무율 30퍼센트 55 / 일하는 자리는 자유롭게 58 / 내 속도에 맞춰 일한다 60 / 서서 일하는 사람도 62 / 가벼운 운동이 생산성을 높인다 64 / 법률로 보장하는 커피 휴식 66 / 커피 휴식으로 커뮤니케이션을 68 / 어떻게 쾌적한 공간을 만들 것인가 70 / 교류하는 레크리에이션데이 72 / 때로는 밖에서 이야기를 나눈다 74 / 능력을 최대한 발휘할 수 있도록 77 / 사우나에서 회의를 하기도 79 / 좋은 회의를 위한 8가지 규칙 81 / 꼭 만나지 않아도 된다 84 / 빼놓을 수 없는 키워드 86 / 철저하게 효율을 추구한다 88 / 핀란드 사람들은 어떻게 일할까? 91 / 웰빙과 효율의 연결고리 93

제3장
행복한 직장인에게 배우는 업무 노하우

직함은 중요하지 않다 97 / 개방적이고 수평적인 조직 99 / 참조는 넣지 않는다 101 / 연령도 성별도 상관없이 103 / 상대를 신뢰하고 일을 맡겨본다 106 / 개인의 의사를 중시하는 업무 분장 108 / 보스 없이 일한다 110 / 환영회나 송별회도 커피로 112 / 직장에서 열리는 유일한 회식 115 / 접대는 낮에 한다 118 / 그래도 괴롭힘은 존재한다 120 / 아버지의 80퍼센트가 육아휴가를 122

제4장
업무 효율은 회사에서 멀어질 때 커진다

일도 좋지만 내 시간도 중요하다 127 / 회사가 웰빙을 지원한다 129 / 아버지도 어머니도 집으로 131 / 수면은 7시간 반 이상 133 / 주말을 여유롭게 135 / 자연에서 계절을 즐긴다 137 / 돈을 들이지 않고 아웃도어 스포츠를 140 / 토요일은 사우나의 날 143 / 사우나에서 환영회를 145 / 기분 좋은 사우나 147 / 혼자 해도 즐겁고 같이 해도 즐겁다 150 / 옷과 지위를 모두 벗어던지고 152 / 한 달의 여름휴가 155 / 1년을 11개월이라고 생각한다 157 / 마음 편히 휴가를 떠나기 위해 159 / 여름휴가 시즌의 MVP 162 / 기업에도 긍정적인 인턴십 165 / 4주의 휴가를 신청하는 이유 168 / 휴가 때 일하지 않으려면 170 / 별장에서 디지털 디톡스 172 / DIY나 공부, 가족 행사를 즐기는 사람도 174 / 휴가가 끝나면 힘차게 일한다 176 / 사람은 누구나 휴식이 필요하다 178

제5장
심플한 사고방식과 의지가 만드는 시너지

휘게는 저물고 시수가 떠오른다 183 / BBC와 CNN도 소개했다 185 / 노키아의 CEO도 언급한 시수 187 / 전쟁에서도 스포츠에서도 통한다 189 / 일, 가정, 취미, 공부 모두 의욕적으로 191 / 시수와 고집은 종이 한 장 차이 194 / 스스로 행동한다 196 / 개인에게 달려 있다 198 / 인생 설계도 모두 제각각

200 / 생각만 하기보다 일단 행동할 뿐 202 / 집도 내 손으로 만든다 204 / 시수는 행복의 열쇠일까? 207 / 심플하고 편안한 생활 209 / 직장에서도 편안한 옷을 입는다 212 / 출신 학교로 사람을 판단하지 않는다 214 / 인간관계도 심플하고 편안하게 217 / 커뮤니케이션은 담백하게 219 / 명함 대신 악수를 222 / 지속 가능성이 부가가치를 만든다 224 / 벼룩시장과 공유가 인기 227 / 있는 것을 소중히 사용한다 229 / 자사의 상품을 되판매하는 회사 231

제6장
끊임없이 공부하고 하고 싶은 일을 한다

업무와 연결되는 공부 235 / 공부로 성장한다 238 / 교육이 새로운 능력이 된다 240 / 위기를 극복하는 최고의 수단 242 / 미래를 내다보고 AI를 공부하다 244 / 앞으로 어떻게 일할 것인가 246 / 일과 생활의 균형 세계 1위 247 / 냉정하게 바라보고 노력한다 249 / 일도 인생도 소중히 252

닫는 글 255

제1장

무엇이 핀란드를
행복하게 만드는가

4년 연속
행복지수 1위

"행복지수 세계 1위는 핀란드!"

핀란드는 2018년 세계행복지수 1위를 차지했다. 이 순위는 유엔이 매년 3월 20일 국제 행복의 날에 발표한다. 최근 수년간 덴마크와 노르웨이 등 북유럽 국가가 정상을 차지했고 핀란드도 항상 상위권이었다는 점을 생각하면 핀란드가 1위에 오른 것은 전혀 이상한 일이 아니다. 그러나 해외에서는 "겨울에 영하 30도까지 떨어지고 해가 거의 뜨지 않는 계절도 있는 춥고 어두운 나라가 왜?" "거리를 걷는 사람들 얼굴은 별로 행복해 보이지 않던데?" "자살 많이 하는 나라 아니었어?" "포커페이스가 기본인 핀란드 사람들이?" 하며 놀라는 목소리도 많았다.

핀란드 사람들에게 그 이유를 물으면 "왜 그럴까?"라며 되묻곤 한다. 본래 핀란드 사람들은 다소 자학적인 측면이 강하고 자랑에도 서툴러서 칭찬받으면 불편하게 느끼는 사람도 많다. 핀란드 친구들에게 "너희가 세계에서 제일 행복한 나라로 꼽혔더라. 축하해"라고 말해도 "어디가? 에이, 말도 안 돼" "순위가 잘못된 거 아니야?" 하는 반응이 돌아온다. 2018년에 이어 2019년에도 행복지수 1위를 차지한 것으로 보아 착오나 우연이 아님은 증명되었다고 할 수 있다. 하지만 지금도 핀란드 사람들에게 이 순위에 관해 물어보면 "에이, 말도 안 돼"라고 대답하는 사람이 많을 것이다.

그래도 역시 1위라는 말을 들으면 그 비결을 알고 싶어지는 것이 인지상정이다. 나도 그 이유에 관해 핀란드인 동료들과 이야기를 나눴다. 몇 명은 '안정'이라는 말을 꺼냈다. 나라가 정치적, 경제적으로 안정되어 있어서 거대한 풍파에 휩쓸릴 염려가 없다는 것이다. 게다가 어떤 환경에서 태어나 자랐든, 어떤 지역에 살고 있든 교육과 복지 서비스의 기회가 평등하며 최소한의 생활이 보장되어 있다. 인생의 시작부터 끝까지 일관되게 안정적이며, 여기에서 생겨나는 편안함이 행복으로 이어진다.

또 어떤 동료는 '균형'이라고 대답했다. 일과 생활의 균형을 잡기가 쉬워서 업무와 가정, 취미를 전부 즐길 수 있다. 또한 겨울이 길고 혹독한 나라지만 실내는 추위를 전혀 느낄 수 없을 만큼 따뜻하며, 넓지는 않지만 그렇다고 너무 좁지도 않은 나름 쾌적한 주거 환경이어서 퇴근 후 또는 휴일에 집에서 편히 쉴 수 있다. 부자가 아니어도 정원이 딸린 집에서 꽃을 심을 수 있고, 자녀가 놀 수 있는 모래밭을 만들거나 트램펄린을 둘 수 있다. 이것을 하나로 묶어서 균형이라고 표현한 것이다.

그렇다면 1위의 비결을 알고 싶어 하는 일본 언론과의 인터뷰에서 핀란드 동료는 뭐라고 대답했을까? 그가 든 이유는 '자연이 가깝다'였는데, 일본 언론인들은 이 대답에 조금 당혹스러웠는지 멍한 표정을 지었다고 한다. 분명히 조금은 이해하기 어려운 대답일지도 모른다. 그러나 핀란드에서 살아본 적이 있는 사람에게는 충분히 이해가 되는 이유이다.

여유에서
행복을 느낀다

　국토에서 삼림이 차지하는 비율은 일본과 핀란드가 거의 비슷하다. 일본도 아름다운 자연이 넘쳐나는 나라다. 다만 조금 멀게 느껴질 수는 있다. 특히 도쿄 같은 대도시에 살고 있으면 전철을 몇 번씩 갈아타거나 자동차로 장시간 운전해야 겨우 숲이나 호수에 도착한다. 게다가 평일에는 자연을 즐길 시간을 좀처럼 내기 쉽지 않다.

　한편 핀란드에서는 평일에 일이 바빠도 거의 정시에 퇴근할 수 있기에 집 근처 호숫가나 숲을 산책할 시간이 충분하다. 여름휴가 기간에는 한 달을 자연 속 별장에서 느긋하게 보낼 수도 있다. "자연이 가깝다"라는 대답에는 지리적인 것 이상으로 '여유'의 의미가 포함돼 있다.

　나도 핀란드의 자연과 여유에서 행복을 느끼는 사람 중 한 명이다. 핀란드에 갈 때마다 호숫가를 산책하는데, 찰

싹찰싹 모래톱을 때리는 물소리, 지저귀는 새소리, 바람에 나뭇잎이 흔들리는 소리가 들리고, 멀리서 오리 가족이 헤엄치는 모습이 보인다. 있는 힘껏 숨을 들이마시면 코로 들어간 공기가 폐를 가득 채우고, 후, 하고 내쉬면 숨과 함께 마음속의 응어리 같은 것이 빠져나간다. 그리고 "나, 돌아왔어"라고 중얼거린다.

일본으로 거점을 옮긴 지 수년이 지난 지금도 핀란드에서 호숫가를 산책할 때마다 '아, 돌아왔구나' 하는 기분이 든다. 항상 같은 호수만 가는 것도 아니고 초여름이나 한여름, 초가을 등 찾아가는 시기도 다르지만, 그럼에도 호숫가를 산책하며 심호흡하면 만원 전철이나 붐비는 거리, 한시도 손에서 떨어질 줄 모르는 휴대전화와 산더미 같은 이메일, 수면 부족에 시달리던 나날에서 해방되어 오랜만에 뇌 구석구석까지 산소가 공급되는 느낌을 받는다.

얼마나 만족하고
있을까?

행복지수란 무엇일까? 이것은 각국의 GDP, 사회적 지원, 건강 수명, 인생에 대한 선택의 자유도, 사회적 관용, 사회의 부패도 같은 요소에 국민을 대상으로 조사한 현재의 행복도, 그리고 모든 항목이 최저인 가공의 국가(디스토피아)와의 비교 등을 바탕으로 종합적인 행복지수를 측정한 결과이다.

2019년에는 세계 156개국을 대상으로 조사했는데, 상위 10개국 가운데 절반을 북유럽 국가가 차지했다. 참고로 일본은 2018년에 54위, 2019년에 58위를 기록했다(한국은 2018년에 57위, 2019년에 54위를 기록했다-옮긴이).

국민의 행복도 평가는 주관적인 부분이 있기 때문에 각 나라의 국민성이나 문화의 차이가 크든 작든 영향을 끼친다. 앞에서 이야기했듯이 핀란드 사람들은 자신들을 자학

적이고 비판적으로 바라보는데, 그럼에도 1위가 된 것을 보면 다른 항목을 포함해서 종합적인 지표가 높았음을 알 수 있다.

그런데 행복이란 무엇일까? 행복지수 순위를 매기기 위한 조사에서는 각국의 사람들에게 '자신에게 가장 좋은 인생과 가장 나쁜 인생 사이에 0부터 10까지 단계가 있다고 가정했을 때, 지금 나는 어떤 단계에 있다고 느끼는가?'라는 질문을 던진다. 단순히 행복한지 아닌지 묻는 것이 아니다. 각자가 생각하는 '가장 좋은 인생'과 '가장 나쁜 인생'을 비교했을 때 현재의 인생은 어디쯤에 있는지 물어보는 것이다.

자신이 생각하는 가장 좋은 인생이나 가장 나쁜 인생은 개인과 문화, 환경에 따라 크게 다를 것이다. 돈을 중시하는 사람도 있을 터이고, 가족이나 자유도에 더 큰 가치를 느끼는 사람도 있기 마련이다. 내 동료처럼 자연을 가까이 두고 즐길 여유를 추구하는 사람도 있다. 가치관이 무엇이든 자신의 이상이나 희망에 가까운, 자신에게 의미 있는 인생을 보내고 있는지를 행복도로 측정한다. 요컨대 핀란드에 살고 있는 사람들이 '지금 나는 참 행복해'라고 느끼

는지는 알 수 없지만, 행복지수 순위에 따르면 자신의 가
치관에 맞는 의미 있는 인생을 살고 있는, 현재의 인생에
어느 정도 만족하는 사람이 많은 셈이다.

행복지수 순위를 분석한 기사들을 보면 북유럽 국가들
이 상위권에 있는 이유로 사회 보장이 두텁고 교육의 질이
높으며 성별 격차나 경제 격차가 적은 평등한 사회를 이룩
했다는 점을 든다. 일본도 교육이나 생활, 경제, 건강 수명
같은 부분은 나름 수준이 높을 테지만, 결과를 잘 살펴보
면 인생에 대한 선택의 자유도(64위)나 사회적 관용(92위)
같은 부분이 순위를 낮추는 요인이 되었다.

나답게
살 수 있는 나라

핀란드에는 선택의 자유가 있다. 이것은 나도 종종 느꼈던 점이다. 물론 일본도 경제적 여유와 연령에 따라 다양한 선택지가 존재한다. 하지만 경제 사정, 나이, 결혼 유무, 성별 등을 이유로 선택지가 좁아지거나 갑갑함이 느껴지기도 한다. 핀란드는 선택지가 많다기보다 선택을 제한하는 요소가 적다.

우리는 공부, 취업, 결혼, 출산, 이직 같은 다양한 인생의 국면에서 무엇인가를 선택해야 한다. 핀란드에서는 본인의 사정이나 희망, 니즈에 맞는 선택지가 존재하며 연령, 성별, 가정의 경제 상황 같은 것은 거의 장벽이 되지 않는다.

게다가 선택을 한 가지로 좁힐 필요도 없다. 본인이 좋아하고 의지가 있다면 A와 B를 모두 선택해도 된다. 취미도 많이 가질 수 있고, 문과와 이과에서 동시에 학위를 딸 수도 있으며, 일과 생활을 모두 중시할 수도 있다. 이때 연령이나 경제적 상황, 성별이 선택을 구속하는 일은 없다.

자신이 생각하는 가장 좋은 인생을 이루어가는 데 필요한 선택을 하고 실현해나갈 기회를 평등하게 누린다. 물론 모든 희망이나 바람을 무조건 이룰 수 있는 것은 아니지만, 생각대로 되지 않을 때도 다시 시작하거나 새로운 희망을 찾아내서 나아갈 수 있다. 최대한 나답게 살아갈 수 있는 나라인 것이다. 그렇기에 핀란드의 많은 사람이 자신의 삶에 어느 정도 만족하고 의미 있는 인생을 보내고 있으며, 그 결과 이 순위에서 말하는 행복한 나라가 된 것이 아닐까?

1인당 GDP
세계 16위

핀란드의 1인당 GDP(국내총생산)는 5만 달러(2019년, IMF)로 세계 16위다. 참고로 일본은 약 4만 달러(24위)다.

석유나 가스 같은 천연자원이 빈약하고 기후도 가혹하지만, 국토의 70퍼센트가 삼림이고 물이 풍부한 호수도 많다. 그래서 전통적으로 제지·펄프·목재 같은 삼림 자원을 이용하는 산업이 중요한 위치를 차지해왔으며, 그 밖에 금속, 기계 산업 그리고 최근에는 전기·전자기기, 정보통신 분야에서도 강점을 보이고 있다. 또한 인구가 550만 명에 불과한 까닭에 국내 시장 규모가 그리 크지 않아 수출에 중점을 둘 수밖에 없는 환경이다.

1990년대의 경제 위기에서 핀란드가 부활하는 계기를 만들었고 10년 정도 전까지 휴대전화 시장에서 세계적인 명성을 떨쳤던 노키아도 100년이 넘는 역사를 자랑하는 핀란드의 회사다. 이제는 휴대전화 사업이 아니라 BtoB(Business to Business) 통신 사업에 주력하고 있기 때문에 일상에서 노키아라는 이름을 듣기 어려워졌지만, 여전히 핀란드를 대표하는 기업 중 하나임에는 틀림이 없다. 현재는 5G, 6G 같은 차세대 통신 기술의 개발에서 커다란 존재감을 발휘하고 있다.

또한 세계적으로 인지도가 높은 패션 브랜드 마리메꼬나 유리 제품 브랜드 이딸라, 식기 브랜드 아라비아, 가구 브랜드 아르텍 같은 핀란드의 디자인 브랜드는 경제 효과 이상으로 국가 이미지를 향상시키고 북유럽 열풍을 이끄는 역할을 맡고 있다.

거시 경제의 안정성
세계 1위

　WEF(세계경제포럼)이 141개 국가와 지역을 대상으로 '혁신력' '노동시장' 등 12가지 지표를 조사한 바에 따르면, 2019년에 핀란드의 국제경쟁력 순위는 11위(일본 6위)였다. 핀란드는 거시 경제의 안정성과 제도라는 지표에서 세계 1위를 차지했으며, 특히 거시 경제 부문에서는 인플레이션이나 정부 부채 잔액 항목이 높은 평가를 받았다.

　제도의 경우, 좋은 치안과 언론의 자유, 법의 중립성이 유지되고 있다는 점, 공적 기관의 효율성 등이 높게 평가받아 세계 1위가 되었다. 또한 기술 적응력이라는 지표도 스위스에 이어 높은 평가를 받았다.

　반대로 약점은 무엇이었을까? 첫째는 수송을 포함한 인프라의 정비로, 유럽의 끝에 위치하고 있고 인구밀도가 낮은 데 따른 문제를 지적받았다. 또한 노동시장에서 핀란드의 순위는 그다지 높지 않다. 의외라고 생각될지도 모르지만, 핀란드에서는 공개적으로 인원을 모집하면서도 실제로는 지인을 고용하는 경우가 많다. 임금제도도 그다지 유연하지 않으며, 자주 오르지도 않는다. 외국인 인재 등용도 다른 유럽 국가에 비하면 적은 편이다. 경쟁력을 높이려면 이런 부분을 개선할 필요가 있다.

일본도 경직된 노동시장이나 여성의 노동 참가가 충분치 못하다는 점에서 약점으로 평가받고 있지만 '건강' 항목은 장수를 배경으로 세계 정상급을 차지하고 있다. 반면에 거시 경제 부문에서는 42위, 기술 적응력은 28위에 머물러 핀란드와 큰 차이를 보이고 있다.

특히 일본은 '학교 교육 기간은 세계에서도 손꼽힐 만큼 길지만 비효율적인 교육 방법으로 기능의 격차를 확대시키고 있다'는 지적을 받고 있다. 또한 핀란드가 비판적인 사고 능력의 교육이라는 항목에서 1위, 국민의 디지털 활용도와 직원 교육에서도 상위권인 데 비해 일본은 87위에 머물렀다.

높게 평가받는
인프라와 교육

　스위스의 비즈니스 스쿨 IMD가 발표한 2019년도 '세계 경쟁력 순위'의 국제경쟁력 부문에서 핀란드는 15위(일본 30위)였다. IMD가 국제경쟁력을 판단한 기준은 크게 경제 성적, 경제 효율성, 비즈니스 효율성, 인프라의 4가지다.

　핀란드는 인프라와 교육, 제도 등에서 높은 평가를 받은 반면에 경제 성적이 향후 과제로 남았다. 경제 성장률이 낮고 고용이나 국제 투자 면에서도 예전보다 개선되었다고는 하나 최고 수준이라고는 말하기 어렵다. 여기에 연료 가격이 비싸다는 점도 지적되었다. 다만 이것은 세금이 비싼 탓이며, 환경 면에서 생각하면 무조건 문제점이라고도 할 수 없다.

　이처럼 핀란드의 경제지표는 독보적이라고 하기에는 무리가 있다. 하지만 석유나 가스 등의 천연자원이 있는 것

도 아니고 인구 규모도 작다는 점을 감안하면 상당히 선전
하고 있다고 볼 수 있지 않을까?

유럽의
실리콘밸리

최근의 핀란드 경제를 이야기할 때 빼놓을 수 없는 것이 스타트업의 번성이다. 유럽의 실리콘밸리라고 불릴 만큼 다양한 기술과 아이디어를 융합시킨 스타트업이 수없이 탄생하고 있다.

세계적으로 성공한 기업도 속속 등장하고 있으며 환경, 의료, 교육에서 위성 사업까지 폭넓은 분야에서 스타트업이 급성장하고 있다. 특히 IT를 통해 개인이 쉽고 빠르게 이동할 수 있도록 도와주는 MaaS(Mobility as a Service) 분야에서는 선진적인 기업이 탄생해 크게 주목받고 있으며, 게임 산업에서도 로비오(Rovio)나 슈퍼셀(Supercell)처럼 세계적 인기를 끌고 있는 게임 제작사가 등장했다. 뿐만 아니라 VR(가상현실)이나 AR(증강현실) 같은 XR(확장현실) 분야의 연구 개발도 활발하다.

예전에는 노키아나 대형 제지 회사, 기계 제조 회사에서 일하는 것이 청년들의 목표였지만, 지금은 창업에서 가능성을 모색하는 경우도 적지 않다. 정부 기관도 창업 지원과 산학 연계 지원을 적극적으로 실시하고 있다. 블룸버그 등 국제 순위를 매기는 여러 언론에서는 북유럽의 균형 잡힌 라이프 스타일과 높은 교육 수준, 확실한 기술을 가진 엔지니어라는 인적 자원, 접근성이 높은 다양한 지원 체제를 근거로 핀란드를 스타트업과 이노베이션에 적합한 나라로 평가하고 있다.

록페스티벌 같은
스타트업 축제

  핀란드에서 스타트업의 번성을 보여주는 일례는 슬러시
(Slush. 영어로 진창이라는 뜻)로 불리는 유럽 최대 규모의 스
타트업 축제이다. 매년 핀란드에서 가장 어둡고 기후가 좋
지 않은 시기인 11월에 열린다.

  이 축제는 본래 창업에 대해 좀 더 긍정적인 회사나 문
화를 키우고 창업가와 투자자를 연결해주자는 목표 아래
시작되었다. 2008년에 헬싱키에서 처음 개최되었을 때는
참가자가 300명에 불과했는데, 10년이 지난 현재는 전 세
계 130개국 이상에서 약 2만 명이 찾아오는 이벤트로 성
장했다.

  누구나 참가할 수 있지만 참가자의 대부분은 스타트업
창업가, 투자자 그리고 언론인이다. 메인 스테이지에서는
세계 경제계를 주름잡는 핵심 인물 또는 창업가가 연설을

하고, 서브 스테이지에서는 스타트업이 투자자를 상대로 피칭이라고 부르는 비즈니스 아이디어 발표회를 연다.

춥고 어두운 바깥과 달리 따뜻한 회장 안에는 다양한 기업과 지방 자치단체, 관련 기관의 부스가 설치되어 있고, 곳곳에서 사람들이 교류하는 모습을 볼 수 있다. 회장 안의 분위기는 딱딱한 비즈니스 이벤트라기보다 마치 록페스티벌에 온 것 같은 착각을 불러일으킨다.

그리고 무엇보다도 독특한 점은 운영의 주체가 학생이라는 것이다. 수백 명이나 되는 대학생이 자주적으로 참가해 기획, 준비, 당일의 운영 등 모든 것을 담당한다. 처음에는 그냥 자원봉사를 한다는 가벼운 마음으로 참가했던 학생이 성공한 창업가를 가까이서 지켜보고 스타트업 문화를 접한 뒤 '멋있어! 끝내준다!'라며 감화되는 일도 적지 않은 모양이다.

이것은 각국의 창업가와 투자자도 마찬가지로, 현재 헬싱키뿐만 아니라 도쿄, 상하이, 싱가포르, 뉴욕 같은 도시에서도 같은 콘셉트의 이벤트가 개최되고 있다(도쿄는 2019년을 마지막으로 명칭을 바꾸었다).

무엇이 좋은 나라를
만드는가

　여러분은 핀란드에 대해 얼마나 알고 있는가? 유럽 북부, 동쪽의 러시아와 서쪽의 스웨덴 사이에 위치하고 있는 핀란드는 면적만 보면 일본과 큰 차이가 없지만 인구는 홋카이도와 같은 약 550만 명에 불과한 작은 나라다.

　또, 유럽 국가이지만 영국과 프랑스 등 존재감이 큰 나라에 비하면 아직 지명도가 떨어진다. 북유럽 디자인을 좋아하는 사람이나 교육에 흥미가 있는 사람에게는 다소 친숙할지 모르지만, 그렇지 않다면 그저 북유럽의 복지국가, 무민의 나라 정도로 인식하는 사람이 많을 것이다.

　핀란드는 작은 나라지만, 행복지수와 경제 이외에도 다양한 지표에서 세계 정상급에 속해 있다. 가령 영국의 정책 고문인 사이먼 안홀트가 창설한 '좋은 나라 순위'에서도 핀란드는 1위에 올랐다. 여기에서 말하는 좋은 나라는 '인류에 공헌하는 나라'를 의미하며, 측정 기준은 크게 과학 기술, 문화, 국제 평화와 안전, 세계 질서, 지구 환경과 기후, 번영과 평등, 건강과 복지의 7가지다. 핀란드는 이 가운데 보도의 자유와 이동의 자유 그리고 환경에 주는 부담과 특허 수, 평등 등의 항목에서 높은 평가를 받았다.

그뿐만이 아니다. 안정된 나라, 좋은 대학교가 있는 나라, 여성이 살기 좋은 나라, 아이들에게 공평한 나라, 정치와 비즈니스의 투명성이 높은 나라, 부패도가 낮은 나라, 이노베이션도가 높은 나라, 물이 깨끗하고 공기가 깨끗한 나라 등에서도 핀란드는 높은 순위에 있다.

또한 핀란드 하면 교육을 떠올리는 사람이 많을 것이다. 과거에 OECD의 학력 조사에서 1위를 차지한 적도 있기에 핀란드의 교육이 세계 최고라고 생각하는 사람도 있다. 현재는 일본이나 다른 아시아 국가의 순위가 더 높지만, 여전히 세계 정상급임에는 틀림없으며 유아교육부터 고등교육, 성인교육까지 핀란드 교육에 전 세계가 높은 관심을 보이고 있다.

두 번째로
격차가 적은 나라

....

핀란드를 이야기할 때 빼놓을 수 없는 행복지수 관련 지표로 빈곤율이 있다. OECD의 2018년 보고서에 따르면 핀란드의 아동 빈곤율은 3.7퍼센트로 덴마크에 이어 두 번째로 낮다. 참고로 일본은 15.8퍼센트로 34위다.

2016년에 유니세프가 발표한 자녀를 둔 가정의 상대적 소득 격차를 보면, 핀란드는 노르웨이와 아이슬란드에 이어 세 번째로 격차가 적었다. 다시 말해 자녀를 둔 가정의 소득에 그다지 큰 차이가 없다. 또한 교육, 소득, 생활 만족도, 건강의 평균 격차도 덴마크에 이어 두 번째로 적었다.

한부모 가정의 상황도 특징적이다. 핀란드에서도 한부모 가정은 다른 가정에 비해 빈곤율이 높았지만, 빈곤율이 50퍼센트를 넘는 일본과 달리 15퍼센트가 채 되지 않았다. 성별로 살펴봐도 대부분의 국가에서 여성의 빈곤율이 남성을 크게 웃도는 데 비해 핀란드는 덴마크와 함께 남성의 빈곤율이 오히려 약간 높은 유일한 나라다.

처음부터
행복하지는 않았다

　지금의 핀란드 상황을 100년 전 핀란드 사람이 봤다면 틀림없이 크게 놀랄 것이다. 그때만 해도 핀란드는 스웨덴과 러시아의 지배를 받으며 대부분의 사람이 소규모 농업과 임업에 종사하는 꽤 가난한 나라 중 하나였다.

　1917년 12월 6일에 러시아제국에 독립을 선언한 핀란드는 이후 내전의 혼란을 겪으며 국가 형성에 매진했다. 하지만 1939년 제1차 소련-핀란드 전쟁(겨울 전쟁), 1941년 제2차 소련-핀란드 전쟁(계속 전쟁) 그리고 마지막으로 제2차 세계대전에서 패전국이 되었다.

　핀란드는 북유럽에서 전쟁에 직접 휘말린 유일한 나라다. 전쟁 중에 많은 남성과 일부 여성이 병사가 되어 전선에 투입되었고, 아이들은 스웨덴으로 피난을 갔다. 동부 국경 부근에 살고 있던 사람들은 다른 곳으로 이주해야 했으며, 패

전 후에는 소련에 거액의 배상금을 지급해야 하는 처지가
되었다.

그러나 1952년에는 헬싱키에서 하계올림픽을 개최할
만큼 부흥에 성공했고, 복지국가로 나아가기 위해 사회제
도를 정비하면서 경제 성장을 지속해나갔다. 또한 1973년
에는 유럽공동체와 자유무역협정을 체결했다.

이후 1991년에 경제 침체가 찾아오면서 수많은 실업자
가 발생했지만 다양한 대책을 강구하며 서서히 부활했고,
1995년 EU에 가입하여 오늘에 이르렀다. 다시 말해 핀란
드가 처음부터 순조로운 길을 걸었던 것은 아니며, 많은
고난에 직면하면서도 극복하며 성장해온 것이다.

균형 잡힌
생활

핀란드는 작은 나라임에도 경제를 유지, 성장시키며 다양한 지표에서 상위권에 올랐다. 그러나 막상 핀란드에 가보거나 살아보면 억척스럽거나 아등바등 사는 느낌은 딱히 들지 않는다. 오히려 생활에서 어딘지 모를 여유가 느껴진다. 특히 여름에는 느긋하게 휴가를 즐기는 사람들뿐이어서 이 나라가 정말 교육과 스타트업으로 주목받고 있는 나라인지 의심스러울 정도다.

내가 처음 핀란드에 갔을 때도 여름이었다. 북유럽에 위치한 나라 정도로만 알고 별다른 기대 없이 핀란드를 찾았다. 친구와 블루베리를 따고, 별장에서 사우나를 하며, 바다에서 헤엄치고, 백야를 만끽했다. 어디를 가더라도 영어뿐만이 아니라 몇 개 국어를 구사하는 사람이 많고 생활 수준도 높아서 아무런 불편함을 느끼지 못했다.

밤늦게까지 일하고 휴가도 반납하는 등 '열심히 일해야 한다는 의식'과 피로감이 사회를 지배하고 있는 일본과는 분위기가 전혀 달랐기에 내 머릿속은 '어떻게 이렇게 여유가 있는 거지?'라는 의문으로 가득해졌다.

핀란드에 살면서 핀란드 사람도 일 또는 공부 때문에 바쁘기는 매한가지이며 집안일이나 취미 생활 등 할 일이 산더미처럼 많다는 것을 알게 되었다. 다만 핀란드에서 살아본 일본 친구들은 종종 '인간답게 살 수 있다'라는 표현을 한다. 그만큼 전체적으로 균형이 잡혀 있다.

휴식을 희생해가며 초인적으로 애쓰는 것이 아니라 휴식도 수면시간도 충분히 확보하며, 사생활이나 취미 생활도 충실히 한다. 일과 생활의 균형이 잘 잡혀 있는 것이다.

핀란드에서는 모든 유급휴가를 모아서 여름에 한 달 정도 휴가를 즐긴다. 유급휴가 소화율은 거의 100퍼센트다. 관공서에서 일하든, 교사로 일하든, 의료 분야에 있든, 어떤 일을 하든 간에 유급휴가는 철저히 챙긴다. 아이들의 방학은 그 이상으로 길어서 6월부터 8월 중순까지 두 달 반을 쉰다. 한편 방학 숙제는 거의 없다.

야근은 거의
하지 않는다

　핀란드 사람들은 정시에 퇴근하며 야근은 거의 하지 않는다. ILO(국제노동기구)가 2017년에 실시한 세계 노동시간 조사에 따르면 각국 전체 취업자의 평균 노동시간(파트타이머 포함)은 핀란드가 주 36시간, 일본이 주 39시간이었다. 수치만 보면 그다지 큰 차이가 없지만 여기에는 파트타이머의 노동시간도 포함되어 있다.

　일본의 경우 파트타이머로 일하는 사람의 비율이 높아서 장시간 일하는 사람의 노동시간이 상쇄되어 통계로 보는 노동시간의 전체 평균은 그다지 길지 않다. 그러나 실제로는 대부분의 정규 사원이 야근을 포함하면 이보다 더 긴 시간을 일하고 있을 것이다. 핀란드에서는 남성이든 여성이든 아이를 키우는 부모든 파트타이머가 아니라 풀타임으로 일하는 경우가 많아 수치와 현실에 큰 차이가 없다.

또한 장시간 노동 상황을 살펴보면 두 나라의 차이는 매우 커 보인다. 일본은 주 49시간 이상의 장시간 노동을 하는 사람의 비율이 20퍼센트 이상, 남성만 보면 30퍼센트에 가깝다. 그에 비해 핀란드는 8퍼센트에 불과하다. 이것은 다른 유럽 국가와 비교해도 적은 수치이다(데이터북 국제 노동 비교. 2018). 정말 어쩔 수 없는 사정으로 야근했을 때는 그 시간을 휴가 기간에 추가하는 경우가 많기 때문에 유급휴가와 야근시간을 더해서 6주나 여름휴가를 받는 모습도 드물지 않게 볼 수 있다.

정시에 퇴근하고 여름휴가를 철저히 쓰면서도 선진국으로서 경제를 유지하는 것이 가능하냐며 신기하게 생각하는 사람도 많을 것이다. 그러나 핀란드에서는 정말로 실현하고 있다.

핀란드도
낙원은 아니지만

앞서 이야기한 핀란드의 특징을 소개하면 좋은 점만 있다는 게 더 수상하다고 생각하는 사람도 있을 것이다. "핀란드는 북유럽 스타일로 높은 수준의 복지, 높은 세 부담을 실천하는 나라이고, 제도도 인구도 일본과는 전혀 다르니까 참고하는 데 무리가 있어"라는 말을 종종 듣는다.

그런데 정말로 참고하기에는 무리가 있을까? 물론 핀란드도 낙원은 아니며 풀어야 할 과제가 산적해 있다. 일본이 더 우수한 부분도 많다. 나 또한 핀란드에 살 때는 '핀란드는 왜 이럴까? 일본이었다면……' 하고 느낀 부분도 있었고, 현재 거주지를 일본으로 옮긴 이유는 일본이 좋아서였다.

그러나 핀란드에서 배울 점이 많고 '일본도 이렇게 하면 좋을 텐데……' 생각하는 부분이 많은 것도 사실이다. 일과 생활의 균형이나 '여유'에 관한 부분은 특히 그렇다. 많은 이들이 육아와 일의 양립 문제로 고민하고, 남녀의 역할 분담 때문에 스트레스받으며, 사생활이 거의 없는 장시간 노동 때문에 몸과 마음이 피폐해지고 있는 모습을 보노라면 "우리와는 다르게 일하는 나라도 있어" "좀 더 균형 잡힌, 인간다운 생활을 바라도 돼"라고 전하고 싶어진다.

지금은 일하는 방식의 개혁이나 여성의 활약이 강조되는 등 전환기를 맞이하고 있다. 그렇다면 완벽하지는 않더라도 그 방향에서 앞서가는 핀란드의 실태를 들여다보는 것도 나쁘지는 않을 것이다.

제2장

오후 4시면 일이 끝나는 일습관의 비밀

오후 4시가 넘으면
모두 퇴근한다

외국인에게 핀란드의 노동 문화에서 가장 좋다고 생각하는 부분이 무엇이냐고 물어본다면 많은 사람이 '일과 생활의 균형'이라고 대답할 것이다.

앞에서도 이야기했듯이 핀란드인은 장시간의 야근을 거의 하지 않으며 휴가도 꼬박꼬박 챙긴다. 근무시간에는 열심히 일하지만 휴식도 그만큼 중요시하며, 많은 사람이 이를 철저히 지킨다. 그렇다면 핀란드인은 어떤 방식으로 일하고 있을까?

핀란드에서는 오전 8시부터 일을 시작하는 사람이 많고, 오후 4시가 넘으면 한명 한명 퇴근하기 시작한다. 그리고 오후 4시 반 이후에는 사무실에 남아 있는 사람이 거의 없다. 금요일 저녁이라면 더더욱 그렇다. 이것은 신기하게도 모든 업계에서 철저하게 지켜지고 있다. 예전에 유학했던 대학교에서도 오후 4시가 넘으면 핀란드인 연구원과 교수는 모두 떠나고 외국인 아니면 야간 강의를 담당하는 강사만 남았다.

핀란드계 기업에서 일했을 때도 고객이 오후 3시나 4시에 미팅하려고 하면 핀란드 직원은 내키지 않아 했다. 퇴근 시간 직전이기 때문이다. 반대로 오전 8시나 9시처럼 이른 아침에 미팅하자고 하면 매우 좋아했다.

최근에는 시업시간이나 종업시간을 유연하게 결정할 수 있는 유연근무제를 채택한 기업이 많다. 물론 업종에 따라 사정은 조금씩 다르며, 시프트제(근무시간이 한 가지로 고정되지 않고 일정 기간마다 변경되는 근무제-옮긴이)라면 근무시간을 반드시 엄수해야 한다. 그러나 일반적인 사무실 근무라면 상황에 맞춰 출근시간이나 퇴근시간을 결정할 수 있다.

동지 무렵에는 태양이 거의 뜨지 않지만, 4월이 지나면 오전 6시에 동이 트며 오후 8시까지 바깥이 환한 날이 계속된다. 그러면 일찍 출근했다가 오후 3시경에 퇴근하는 사람도 늘어난다. 출퇴근 시간이 길거나 자녀를 학교에 보내야 하는 사람은 늦게 출근하기도 하지만, 그 수를 비교하면 일찍 출근했다가 일찍 퇴근해서 가족과 함께 시간을 보내거나 취미 생활을 즐기려 하는 사람이 더 많은 듯하다. 근무시간 또는 반드시 회사에 있어야 하는 시간인 코어타임만 제대로 지킨다면 참견하는 사람은 없다.

이런 철저함은 기업 차원의 노력이 만들어낸 결과라기보다 국가 또는 사회 전체의 분위기라고 말하는 편이 옳을 것이다. 아주 단순하게 말하면, 근무시간은 규칙이니 지켜야 한다, 쉬는 것도 사회인의 권리이며 인간은 누구나 휴식이 필요하다는 인식을 모두가 공유하고 있다. 법률로 정해진 하루 8시간, 주 40시간 이내의 근무시간은 지켜야 한다. 어지간한 이유가 있지 않는 한 야근하지 않아야 하고 고용주도 야근시켜서는 안 된다. 이것은 관공서든 대기업이든 중소기업이든 마찬가지로, 핀란드 고용경제부의 데이터에 따르면 평균 근무시간이 주 40시간보다 짧은 주 37.5시간인 업계가 대부분이라고 한다.

이것은 의사도 예외가 아니어서, 지역 건강센터에서 일하는 의사의 평균 근무시간은 주 38시간 15분이다. 어떤 외과의사에게 이런 이야기를 들은 적이 있다. 앞의 수술이 길어져서 자신이 집도할 예정이었던 수술이 뒤로 밀리는 바람에 정시 퇴근이 불가능한 상황이 된 적이 있었는데, 병원에서 "교대 근무할 의사에게 집도를 맡길 테니 퇴근하세요"라고 말했다는 것이다. 수술 내용에 따라서는 그럴 수 없는 경우도 있겠지만 가급적이면 정해진 근무시간을 지키려 하는 문화가 엿보인다.

또한 3세 미만의 자녀가 있거나 자녀가 초등학교에 진학할 무렵에는 법률로 정해진 것보다 유연하게 단축 근무를 인정해주는 기업도 많다. 물론 그렇다고 해서 처리해야 하는 업무의 양이 크게 줄지는 않기 때문에 부담은 커지지만, 가정과 직장의 양립이 좀 더 수월해진다.

퇴근하는 것이
당연하다는 생각

업무에 따라 사정상 어쩔 수 없이 야근해야 할 때도 있
다. 그럴 때는 사전에 상사에게 허가받아야 하며, 반대로
상사가 직원의 야근을 원할 때는 당사자의 의사를 미리 확
인할 필요가 있다. 야근에 대한 보상은 돈 또는 휴가인데,
양쪽 모두 기업에는 손실이 된다. 그래서 회사의 손실을
줄이기 위해서라도 휴일 근무나 야근을 최대한 피하는 경
향이 있다.

또한 다음 근무를 시작하기까지 11시간의 간격(일하지 않
는 시간)을 설정하고 일주일에 한 번은 35시간의 휴식을 취
하도록 법률로 정해져 있다.

아직 사람들이 일하고 있음에도 오후 3시나 4시에 회사
를 나오면 왠지 기분이 찜찜하지 않을까 생각하는 사람도
있을 것이다. 그러나 핀란드 사람들은 '나는 나, 남은 남.

정해진 시간 동안 일했다면 퇴근하는 것이 당연하다'고 생각하기 때문에 누군가의 눈치를 살피는 모습은 볼 수 없다. 오히려 '나도 저렇게 정시에 퇴근하고 싶어'라고 생각하는 사람이 많다.

핀란드 친구가 '어려운 일을 쉽게 해내거나 효율적으로 처리하고 금방 퇴근하는 것이야말로 멋지고 유능한 어른이라는 증거'라고 말한 적이 있다. 핀란드에서는 바로 그런 인재를 요구하는 것이다.

재택근무율
30퍼센트

핀란드에서는 일주일에 한 번 이상 재택근무를 하는 사람의 비율이 30퍼센트에 이른다. 직장이 먼 탓에 집에서 일하는 사람도 있고, 직장은 가깝지만 아직 어린 자녀를 통학시키는 시간을 고려해 일주일에 한두 번 재택근무를 하는 경우도 있다. 친구 중 한 명은 결혼해서 수백 킬로미터 떨어진 지역으로 이사했는데, 회사도 본인도 계속 일하기를 바란 까닭에 재택근무로 전환했다. 지금은 컴퓨터와 전화만 있으면 거의 모든 업무를 문제없이 처리할 수 있고, 사내 회의도 인터넷 전화로 참가할 수 있다.

또 다른 친구의 경우, 일주일에 하루를 집에서 일한다. 그 친구는 보고서 등 글 쓸 일이 많기 때문에 조용한 집에서 집중하며 글을 쓰고 싶어서 상사에게 재택근무를 제안했다. 아직 어린 자녀가 초등학교에서 돌아왔을 때 집에서 맞이

하고 싶다는 이유도 있었다. 언제든 동료와 의논할 수 있고 커뮤니케이션을 통해 자극받을 수 있다는 점에서 사무실 근무도 매우 중요하지만, 일주일에 한 번은 혼자가 될 수 있는 지금의 근무 형태를 매우 만족스러워하고 있다.

근무시간의 관리가 불가능하다는 이유로 재택근무에 난색을 표하는 목소리를 일본에서 들은 적이 있는데, 핀란드에서는 근무시간을 관리한다는 이야기를 들어본 적이 없다. 해야 할 일은 산더미처럼 많은데 집에 있으면 게으름을 부릴 것이라는 생각은 딱히 하지 않는 듯하다.

핀란드에서 지금처럼 노동시간이나 장소가 유연해진 데는 1996년에 시행된 노동시간에 관한 법률의 영향이 크다. 2020년 1월에 이 법률이 개정되면서 일하는 시간과 장소가 더 자유로워졌다. 노동시간의 절반은 일하는 시간과 장소 모두 직원과 고용주가 의논해서 자유롭게 결정할 수 있게 된 것이다. 이에 따라 모두가 일제히 회사에 출근하고 일제히 퇴근하기보다는 개인의 라이프 스타일에 맞춰 다양한 방식으로 일할 수 있게 되었다. '일=회사에서 하는 것'이라는 공식이 무너지고, 그 사람의 라이프 스타일에 맞는 형태로 가장 생산성을 높일 수 있는 장소와 시간을 선택해서 일할 수 있도록 바뀌고 있다.

최근 핀란드의 친구가 이런 이야기를 했다.

"얼마 전에 미용실에 갈 시간이 없어서 업무시간에 갔다 왔어. 지금은 미용실에서도 이메일을 확인하고 보낼 수 있고 자료를 조사할 수도 있잖아? 전화 통화도 할 수 있고 말이야. 덕분에 업무시간으로 인정받았지. 만약 회사에서 인정해주지 않았다면 나를 믿지 못한다는 생각이 들어서 업무 의욕만 떨어졌을 거야."

깜짝 놀랄 정도로 일하는 방식이 빠르고 유연하게 바뀌고 있음을 느낄 수 있었다. 앞으로 장소를 불문하고 원격 작업이 가능해진다면 시골에 위치한 회사에서도 전국에서 우수한 인재를 끌어모을 수 있게 될 것이며, 유연한 근무 방식을 인정하는 회사는 회사 안팎에서 높이 평가받게 될 것이다.

일하는 자리는 자유롭게

　근무시간이나 장소만 유연해지고 있는 것이 아니다. 최근에는 사무실에 프리어드레스(Free Address) 스타일을 도입한 기업이 늘고 있다. 프리어드레스는 사원의 자리가 정해져 있는 것이 아니라 자유롭게 자리를 선택할 수 있는 형식이다.

　본래 핀란드 기업은 개인실 또는 두 명이 방을 공유하는 유형의 사무실이 많다. 개인실이 없을 경우는 개인 공간을 넓게 잡고 높은 칸막이를 쳐서 잡음을 최소화하고 사생활을 확보한다. 다만 개인실의 경우 동료끼리 자유롭게 의논하기 어렵다거나 사무실에 있는지 없는지 확인하기 어렵다는 등의 문제도 있다. 이런 문제점을 해소하기 위해 보통은 개인실의 문을 조금 혹은 활짝 열어놓는 습관이 있다. 문을 열어놓는 것은 말을 걸어도 된다는 의미이며, 안에 사람이 있다는 표시기도 하다. 반대로 문이 닫혀 있다면 방해받고 싶지 않거나 사무실에 없다는 의미가 된다.

그런 사무실 스타일이 최근 계속 변화하고 있다. 새로 사무실을 만들거나 재단장할 때 개인실이 아니라 넓은 공간을 공유하는 오픈 오피스와 프리어드레스를 선택하는 일이 늘어나고 있는 것이다. 물론 단순히 넓은 사무실에 책상을 나열해놓는 것은 아니며, 기존의 개방형과 달리 오픈 오피스와 개인실의 장점을 겸비한 하이브리드 오피스이다.

칸막이로 구분된 책상이 나열되어 있는 구역도 있고, 구석에는 적은 인원이 의견을 교환할 수 있도록 소리를 차단한 '움집' 같은 공간도 있으며, 전화 통화를 하고 있어도 주위에 방해가 되지 않는 전화박스 같은 곳도 있다.

물론 화상회의를 할 수 있는 회의실도 근처에 있고, 집중하고 싶은 사람이 이용할 수 있는 공간이나 편안한 분위기를 좋아하는 사람을 위해 소파 등을 놓은 공간, 서서 일할 수 있는 스탠딩데스크도 마련되어 있다. 그날의 일정이나 기분에 맞춰서 각자 마음에 드는 자리를 선택할 수 있는 것이다. 그리고 개인 소지품은 사무실 구석에 있는 사물함에 보관할 수 있다.

내 속도에 맞춰
일한다

·······················

핀란드에서 프리어드레스 사무실을 몇 차례 방문한 적
이 있다. 개방적인 공간에 꽤 많은 인원이 있었지만 각자
자신의 장소에서 자신의 페이스에 맞춰서 조용히 일하는
모습이 인상적이었다.

프리어드레스 형식은 다른 부서 사람과 자연스럽게 가
까워질 수 있고 정보 공유 또는 커뮤니케이션이 용이하다
는 이점이 있다. 그런 교류를 통해서 새로운 자극을 얻거
나 아이디어가 떠오르거나 조직의 벽이 없어지는 경우도
있다. 또한 자신의 자리가 정해져 있지 않기에 종이나 물
건을 쌓아놓는 일이 줄어 공간이 절약되며, 그 장소를 깨
끗하게 사용함으로써 미관도 좋아진다.

다만 시간이 흐르면 결국 고정된 장소에서 일하는 경향
이 생기거나 팀이 흩어짐으로써 기존의 매니지먼트 방식이

통용되지 않을 우려도 있다. 또 모두가 공간을 공유하는 만큼 어느 정도의 규칙이 필요하다.

개인실에서 하이브리드 오픈 오피스로 바뀐 사무실에서 일하는 한 친구는 "처음에는 어색했지만 익숙해지니 편해졌다"고 말했다. 주위의 다른 친구들도 막상 해보니 의외로 좋았다는 반응이 주를 이루었다.

서서
일하는 사람도

좀 더 일하기 좋은 환경을 갖추고 효율을 높이려는 노력은 사무실 모습뿐만 아니라 가구에서도 드러난다. 그 예로, 최근에는 전기 동력으로 높이를 위아래로 조절할 수 있는 책상이 유행이다. 이 책상은 긴 시간을 앉아서 일하는 것이 건강에 나쁘다는 연구 결과에서 탄생한 것으로, 서서 일할 수 있게 해준다. 실제로 최근에는 허리의 부담을 줄이고 효율을 높이기 위해 컴퓨터 앞에 서서 일하는 사람이 많아졌다. 서서 일하는 편이 더 집중에 도움이 된다는 사람도 있다.

나 또한 높이 조절이 가능한 책상을 사용하고 있다. 허리나 어깨에 주는 부담을 생각하면 서 있는 편이 좋을 것 같아서 가급적 서서 일하려고 노력하고 있다. 다만 무엇인가를 생각하면서 글을 쓰거나 집중하다 보면 나도 모르게 앉게 되고, 그대로 퇴근시간까지 계속 앉아서 일하는 경우도 적지 않다.

동료 중에는 언제나 서서 일하는 사람도 있다. 익숙해지면 앉는 것이 더 번거롭다고 한다. 또한 앉아서 컴퓨터 작업을 하는 방식을 채택한 경우도 어깨 결림이나 요통을 고려해 인체 공학적으로 만든 고성능 의자를 도입한 사무실이 많다.

가벼운 운동이
생산성을 높인다

오늘날에는 일을 할 때 컴퓨터 앞에 있는 시간이 길다. 게다가 정해진 시간 내에 최대한 많은 업무를 처리하려다 보니 계속 똑같은 자세로 몇 시간씩 일을 할 때가 많다.

핀란드에서도 휴식시간을 효과적으로 활용하는 방법을 고안해왔는데, 그중 하나가 '타우코윰파(Taukojumppa)'이다. 타우코는 휴식, 윰파는 운동이라는 의미다.

타우코윰파를 이야기할 때면 나는 2000년대 초반에 대학에서 봤던 풍경이 떠오른다. 오후 2시경이 되면 스포츠 강사가 연구실 복도를 돌아다니며 삑 휘슬을 분다. 그러면 각 방에서 사람들이 나와 복도의 층계참에 모이고, 강사의 목소리에 맞춰 스트레칭이나 가벼운 운동을 했다. 5분도 채 안 되는 짧은 운동이 끝나면 다시 자신의 방으로 돌아갔다.

이 관습은 일반 기업이나 관공서에도 존재한다. 친구가

다니는 기업에서는 필라테스 강사 자격증을 가진 사원의 지도로 매일 10분 정도 간단한 운동을 한다. 대사관에서는 일주일에 한 번씩 막대를 사용해 스트레칭을 한다. 전문가나 외부 강사가 있는 것이 아니기 때문에 자발적으로 실시하거나 누군가가 자원봉사로 움직임을 지시해준다.

이런 운동은 절대 강제적인 것이 아니어서 시간이 없거나 내키지 않는다면 하지 않아도 된다. 하지만 5분 정도 운동을 함으로써 기분 전환도 되고, 무엇보다 딱딱하게 굳었던 몸이 풀어져 기분이 좋아진다.

2019년 4월에 핀란드의 노동위생연구소는 직장에서의 운동을 도와주는 애플리케이션의 실증 실험 결과를 발표했다. 이에 따르면, 실험 대상에게 반년 동안 직장에서 애플리케이션을 이용해 2~3분 정도의 운동을 하루에 세 번씩 실시하게 한 결과, 앉아 있기만 하는 시간이 감소했다고 한다. 또한 피로 회복 촉진, 몸의 긴장과 통증 완화, 활력 증진, 피로나 건망증의 완화 같은 효과가 나타났으며, 조직에는 생산성 향상에 따른 경제 효과를, 참가자에게는 다른 사람들과 함께 열심히 운동하면서 얻는 일체감의 상승을 가져다준 것으로 보인다.

법률로 보장하는
커피 휴식

핀란드에는 타우코윰파 외에도 카흐비타우코(Kahvitauko)라고 하는 커피 휴식 문화가 있다. 사실 핀란드의 1인당 커피 소비량은 세계 최고 수준으로, 하루에 여러 잔을 마시는 사람도 적지 않다. 전통적으로 에스프레소나 카페라테 같은 진한 커피는 잘 마시지 않으며, 연한 약배전 커피를 자주 마신다. 이때 커피와 함께 시나몬롤이나 케이크, 샌드위치 등 간식을 즐기기도 한다.

한 핀란드 친구는 업무 효율 상승의 열쇠로 제일 먼저 커피 휴식을 언급했다.

"직장에서 커피 휴식은 정말 중요하다고 생각해. 그래서 법률로 정해놓은 거 아니겠어? 뇌에도 때로는 휴식이 필요한데, 커피 휴식은 기분 전환에 도움이 돼서 휴식 후 일에 더 집중할 수 있게 해줘."

분명히 핀란드에서는 고용주가 노동자의 커피 휴식을 보
장하도록 법률로 정해놓았다. 빈도나 시간은 업계에 따라
다르지만, 10~15분의 커피 휴식이 근무시간에 포함된다.
가령 트럭 운전기사는 8시간의 근무시간 중 2회의 커피 휴
식을 할 수 있으며, 제지 업계에서는 10분의 휴식을 하루에
2회 취하도록 되어 있다.

　또한 버스 운전기사나 대학교 직원, 공무원, 사무 노동
자도 이런 커피 휴식이 계약에 포함된다. 물론 이것도 강제
적인 것은 아니다. 각자 원하는 시간에 커피 휴식을 할 수
있으며, 자신은 일을 하면서 항상 마시고 있으니 커피 휴
식이 따로 필요 없다는 사람도 있다.

커피 휴식으로
커뮤니케이션을

　직장에 따라서는 어느 정도 커피 휴식 타이밍을 정해놓은 곳도 있다. 머그컵을 들고 동료들과 편한 분위기에서 업무 상담이나 사적인 이야기를 나누면 서로를 이해할 수 있게 되거나 새로운 아이디어가 탄생하는 계기가 되기도 하기 때문이다.

　내가 일하는 직장에서도 모두의 제안으로 일주일에 한 번 정도 함께 모여서 커피 휴식을 하고 있다. 물론 전원이 모이는 것은 아니기 때문에 인원은 많지 않지만, 다른 부서 사람의 업무 이야기를 듣거나 핀란드와 일본의 문화 차이에 관해 이야기를 나누는 등 편안하고 좋은 정보 공유의 장이 되고 있다.

　요컨대 커피 휴식은 일손을 멈추고 쉰다는 의미에서도 중요하지만 이와 함께 사내 커뮤니케이션의 장으로도 활용되고 있는 것이다. 이런 커피 휴식의 중요성은 앞으로 더더욱 높아질 것으로 생각된다.

한 친구는 "우리 회사는 원래 커피값을 지원해주지 않았는데, 요즘은 지원해주고 있어. 게다가 얼마 전에는 사무실에 자동 드링크 머신을 설치해줘서 커피뿐만 아니라 핫초콜릿이나 차도 마실 수 있게 됐어. 물론 공짜로 말이야"라고 했다. 다른 친구도 "얼마 전에 커피룸이 새 단장을 해서 정말 기뻤어. 좀 더 편하게 쉬라고 소파도 두고, 그림과 식물로 장식해서 분위기가 훨씬 좋아졌지 뭐야"라고 말했다.

어떻게 쾌적한 공간을
만들 것인가

핀란드에는 회사 내에 커피룸이라고 부르는 휴게실이나 휴식 코너를 설치한 곳도 많다. 최근에는 살풍경한 의자에 드링크 머신만 달랑 있는 곳보다 거실처럼 편안한 공간이 인기다. 학교 직원실도 대부분 커피룸에 가까운 구조다. 서류나 작업용 책상은 없고, 커피 향기가 물씬 풍기는 공간에서 동료와 느긋하게 이야기를 나눌 수 있도록 되어 있다.

지금은 재택근무나 유연근무제가 늘어났지만, 직접 얼굴을 보며 하는 커뮤니케이션의 중요성 또한 재인식되고 있다. 직접 만나야 알 수 있는 것도 있고, 마주 보며 이야기할 때 비로소 일어나는 화학 반응도 있다. 그런 까닭에 어떻게 해야 찾아가고 싶어지는 쾌적한 사무실과 커피룸을 만들 수 있을지도 연구되고 있으며, 조직과 기업은 사원의 목소리를 반영하면서 모두가 원하는 공간을 만들기 위해 노력하고 있다.

　여담이지만, 핀란드는 커피 휴식을 매우 중요하게 생각하는 반면에 점심시간은 전통적으로 덜 중요하게 생각하는 경향이 있다. 업계에 따라 다르지만 30분 정도인 곳이 많으며, 빨리 먹고 일에 복귀하는 경우가 많다. 그렇다고 점심을 전혀 즐기지 않는다는 말은 아니다. 대기업의 경우 사내에 있는 뷔페식 식당에서 느긋하게 식사를 즐기기도 하고, 가까운 곳에 레스토랑이 있으면 이따금 회사에서 제공하는 쿠폰으로 외식을 하기도 한다. 일본 같은 도시락 문화는 없지만, 집에서 샌드위치나 남은 음식을 가져와서 먹는 사람도 있다.

　그러나 최근에는 정시에 퇴근하기 위해서라도 점심을 간단하게 먹거나 거의 먹지 않고 일에 집중하는 사람이 많은 것도 사실이다. 어떤 친구는 "점심에 너무 많이 먹으면 졸리거나 노곤해져서 오후의 업무 효율이 떨어진다"는 이유로 커피 휴식시간에 빵이나 요구르트를 조금 먹는 정도로 점심을 대신하고 있다.

교류하는
레크리에이션데이

회식 문화에 익숙한 나라에서는 묵묵하게 정시에 일을 마치고 곧바로 퇴근하는 핀란드의 업무 문화가 삭막하게 느껴질지도 모르겠다. 그런데 핀란드에도 레크리에이션데이라고 부르는 사원 교류의 기회가 있다.

이날은 근무일이기는 하지만 직장에서 통상적인 업무를 보는 것이 아니라 모두가 함께 어딘가로 떠난다. 말하자면 사원 여행 같은 것이다. 개중에는 1박 2일의 일정으로 가는 경우도 있지만, 최대한 많은 인원이 참가할 수 있으면서 사적인 시간을 방해하지 않도록 당일치기 소풍 형식이 많다.

친구가 일하는 회사에서도 올봄 교외 리조트호텔에서 레크리에이션데이를 실시했다고 한다. 먼저 회사에 관한 공식적인 프레젠테이션을 듣고 오후에 가이드와 함께 자연을 산책한 뒤 사우나를 마치고 이른 저녁을 먹은 다음 해산했는데, 편한 마음으로 쉴 수 있었고 다 같이 알몸으로 사우나에 들어가니 동료와의 거리가 한층 가까워진 기분이 들었다고 한다.

그 밖에 관광 명소를 방문하기도 하고, 콘서트나 연극, 스포츠를 함께 보기도 하며, 때로는 워크숍이나 팀빌딩(Team Building) 같은 활동을 하기도 한다. 그리고 거의 정시에 해산한다.

개최 빈도나 비용 지원은 조직에 따라 다르지만, 대사관(외무부)의 경우는 원칙적으로 1년에 한 번 당일로 비용은 조직이 부담할 수 있는 범위에서 계획을 짠다. 그리고 계획을 짤 때도 사람들이 모여서 의견을 낸다.

주일 핀란드 대사관에서는 오전에 메밀국수 만들기 체험을 한 뒤 오후에 볼링 대회를 연 적도 있고, 박물관과 큰북 교실에 간 적도 있으며, 하이킹과 가마쿠라 산책을 한 해도 있다. 함께 레크리에이션데이를 준비하는 것을 포함해서 평소 이야기할 기회가 별로 없었던 동료와 이야기를 나누고 동료의 새로운 면을 발견하는 등 매번 좋은 추억을 쌓을 수 있었다.

때로는 밖에서
이야기를 나눈다

요즘 종종 듣는 이야기 중에 레크리에이션데이와 비슷한 것으로 리트리트(Retreat)가 있다. 본래 리트리트는 종교와 관련이 있는데, 바쁜 일상이나 혼란스러운 상황을 개선하기 위해 명상 혹은 조용히 시간을 보내거나 마음을 터놓고 이야기를 나누는 것을 의미한다.

오늘날의 리트리트는 대체로 점심시간과 몇 시간의 대화가 한 세트를 이루며, 장기적 관점에서 직장 환경의 개선이나 업무 효율 향상 등의 과제를 논의한다. 또한 새로운 기분을 느낄 수 있도록 평소와 같은 사내 회의실이 아니라 교외에서 개최할 때가 많다.

리트리트라고 부르지 않더라도 많은 조직이 이런 방식을 도입하고 있다. 나도 지금까지 외부의 전망 좋은 회의실에서 맛있는 점심을 먹고 소그룹으로 나뉘어 상부에서 제시한 조직의 과제에 관해 대응책을 논의한 뒤 나중에 전체가 모여 결과를 발표하고 정리하는 방식의 회의에 자주 참여했다. 이메일과 전화에서 해방되고 기분도 전환되어서 좀 더 대화에 집중할 수 있었다.

이때 논의한 과제는 내부의 커뮤니케이션이나 정보 공유를 촉진하려면 어떻게 해야 할까, 어떻게 해야 좀 더 매력적인 직장으로 만들 수 있을까, 효율을 높이기 위해 필요한 설비나 기술은 무엇일까 등이었다. 주로 직장에서 정기적으로 실시하는 만족도 조사나 매니지먼트의 평가 조사, 개인의 목표를 설정하기 위한 상담 등을 통해서 부각된 과제를 다루며, 그 자리에서 참가자들이 제기한 과제를 논의할 때도 있다.

다양한 부서와 위치에 있는 사람들과 이야기를 나눔으로써 과제를 새로운 시각에서 바라볼 수도 있고, '역시 다들 그렇게 생각하는구나' 하며 고민을 공유하고 공감하기도 한다. 물론 그렇게 대화를 나눠서 개선책을 제안하더라도 과제가 금방 해결되는 것은 아니며 실현되지 않는 경우도 있다. 그러나 열린 환경에서 대화를 나누는 것 자체가 신선한 자극이 되며, 상부에 과제 해결을 부탁하거나 맡기는 것이 아니라 조직의 일원으로서 주체적으로 생각할 수 있게 된다.

한 친구가 다니는 회사는 2년에 한 번 사원의 신체·정신 건강을 조사하고 그 결과를 바탕으로 어떤 복리후생이나 활동, 환경 개선이 필요한지 이야기를 나누면서 사원의 제안을 듣는다고 한다.

능력을 최대한
발휘할 수 있도록

레크리에이션데이나 리트리트(명칭이 무엇이든)는 업무 능력이나 의욕을 유지·개선하기 위한 활동으로 여겨지고 있다. 업무 능력을 높이는 연수와는 별개로 좀 더 폭넓은 시점에서 심신의 상태나 리더십과 팀워크를 향상시켜 업무 능력과 조직의 힘을 높인다.

이를 통해 사원들은 자신의 능력을 더 많이 발휘할 수 있어 업무 효율이 향상된다. 한편 조직력이나 환경, 의욕 등이 제대로 갖춰져 있지 않으면 아무리 능력이 출중한 사람이라도 전체적인 업무 능력은 떨어져버린다. 따라서 업무 능력이나 조직력을 높이려는 노력이 지속적으로 실시되어야 한다.

업무 능력을 높이기 위한 활동은 법률로도 정해져 있어서 고용주와 인사부, 각 사원이 힘을 모아서 계획하고 실천한다. 활동의 내용까지 정해놓은 것은 아니고 실시했는지 확인하지도 않지만, 그 활동이나 프로그램의 폭은 매우 넓다. 휴식시간에 가벼운 운동을 하거나 함께 점심을 먹는 것도 이 활동의 일환으로 여겨진다.

예전에 아르바이트했던 기업에서는 한 달에 한 번 회사에서 제공하는 아침을 먹으면서 경영진의 프레젠테이션을 듣는 날이 있었다. 또한 한 달에 한 번 마사지사가 와서 근무시간에 1인당 15분씩 마사지를 해줬는데, 이것도 넓은 시각에서 바라보면 업무 능력을 향상시키기 위한 활동의 범주에 들어간다. 이처럼 핀란드에서는 개인이 능력을 최대한 발휘할 수 있도록 기분 좋은 환경을 만들고 조직을 개선해나가는 활동을 중요하게 여긴다.

사우나에서
회의를 하기도

사내 개선을 위한 논의를 할 때만 사내 회의실이 아닌 다른 곳을 이용하는 것은 아니다. 특히 새로운 아이디어나 창조력이 필요할 때면 카페나 레스토랑, 누군가의 집 등 평소와는 환경이 다르고 이메일이나 전화로부터 해방될 수 있는 편안한 분위기의 장소를 선호한다. 개중에는 사우나 (물론 계속 들어가 있는 것은 아니다)에서 회의를 했다는 이야기도 들은 적이 있다. 테이블 앞에 둘러앉아서 하는 회의가 전부는 아닌 것이다.

나는 과거에 노동 환경 개선 미팅에서도 장소를 바꾸거나 케이크 등을 가져와서 함께 먹으며 이야기를 나눈 적이 있다. 마음을 열고 이야기하기 부담스럽거나 평소에 친분이 없는 사람을 상대할 때는 긴장해서 대화가 원활하게 이어지지 않는 경우가 있는데, 그럴 때 간식을 함께 먹거나 분위기를 바꾸면 긴장을 풀고 이야기를 나눌 수 있었다.

핀란드에서도 크고 작은 다양한 회의가 일상적으로 열린다. 또한 그런 회의가 업무 효율을 좌우하는 것도 다른 나라와 다르지 않다. 시간만 오래 잡아먹고 생산성이 떨어지는 회의는 참가자에게 고통일 뿐이며, '차라리 이 시간에 다른 일을 했으면……'이라는 생각에 의욕도 떨어진다.

좋은 회의를 위한 8가지 규칙

몇 년 전에 핀란드의 13개 유명 기업이 참가하는 '좋은 회의를 위한 캠페인'이 있었다. 이 캠페인에서는 다음 8가지 규칙을 제안했다.

* 회의를 하기 전에

1. 그 회의가 정말로 필요한지, 꼭 해야 하는지 검토한다.

2. 회의 유형과 그에 어울리는 장소를 생각한다.

3. 참석자를 추린다.

4. 적절한 준비를 한다. 세밀한 준비가 필요할 때가 있는가 하면 그렇지 않을 때도 있다. 의장은 참가자에게 사전에 통지하며, 필요에 따라 책임을 할당한다.

* 회의를 시작할 때

5. 목표를 확인한다. 회의가 끝났을 때 어떤 결과가 나와야
   하는지 생각한다.

6. 회의 종료시간과 의제, 과정을 확인한다. 아이디어, 토론,
   의사 결정, 커뮤니케이션 중 무엇을 위한 회의인지 참가
   자에게 알린다.

* 회의 중에

7. 토론과 결정에 모두를 참가시킨다. 일부가 회의를 지배
   하지 않게 하며, 개인의 다양성(외향적/내향적)을 고려한
   다. 소수 그룹 토론, 옆 사람과의 토론을 통해 의견을 표
   명할 기회도 만든다.

* 회의가 끝났을 때

8. 결과나 그 역할 분담을 조목별로 작성해 명확히 한다.

 또한 참석자와 진행자 모두 시간을 엄수할 것, 부담 없
이 토론할 수 있는 분위기를 조성할 것, 때로는 사내 회의
실이 아닌 곳에서 회의를 해볼 것, 회의에 집중하기 위해

휴대전화나 태블릿피시의 전원을 끌 것, 커피뿐만 아니라 과일 등의 간식이 대화를 활성화시킬 때도 있음 등의 힌트도 적혀 있다.

하나같이 단순한 내용이며, 일본에서도 당연시되는 것 또한 있다. 그런데 일본 회의를 경험한 핀란드인 대부분은 회의의 본제에 대한 논의가 좀처럼 진행되지 않고 결정이 이루어지지 않는다는 것, 회의 중에 눈을 감고 있는 사람이 종종 있다는 것에서 문화 차이를 느낀다. 핀란드 사람들에게 회의는 토론을 하고 마지막에 무엇인가를 결정하거나 결과를 내는 과정이지 자기소개를 하거나 자료를 소리 내 읽는 활동이 아닌 것이다.

물론 이것은 정론이며, 핀란드인이라고 해서 항상 효율적이고 충실한 회의만 하는 것은 아니다. 이야기가 샛길로 빠지는 경우도 있고, 긴 시간 회의했지만 아무 결과도 내지 못하는 경우 또한 많다.

지금까지 경험한 바에 따르면 "이 회의는 1시간만 합니다!"와 같이 끝나는 시간을 모두에게 명확히 인식시킨 다음 시작한 회의는 원활하게 진행되었으며, 그 밖에 진행자의 진행 실력도 중요하다고 생각한다.

꼭 만나지
않아도 된다

일본과 핀란드의 또 다른 차이점은 일본인은 관계 형성을 중시해서 처음에는 무조건 얼굴을 봐야 하고 그 후에도 계속 대면 보고를 희망하는 경우가 많은 데 비해 핀란드인은 인사만 할 뿐인 면담은 필요 없다고 생각하며 보고도 기본적으로 이메일이나 전화를 선호한다는 것이다.

물론 직접 만나는 편이 일의 진전에 도움이 되는 경우도 있기에 얼굴을 마주하는 것의 중요성은 핀란드인도 잘 알고 있다. 다만 만나게 되면 30분에서 1시간은 시간을 잡아먹게 된다는 점에서 효율을 생각하면 대단한 용건이나 의제가 아닌 이상 굳이 만날 필요가 있느냐고 생각할 뿐이다. 그렇기 때문에 무조건 만나야 한다고는 생각하지 않으며, 한 번 만났으면 그다음에는 이메일이나 전화로도 충분하다고 여긴다.

한편 핀란드인의 회의나 면담에 참석했을 때 조금 아쉬웠던 점도 있다. 스몰토크(잡담) 없이 인사와 용건만 주고받고 끝난다는 것이다. 핀란드인이 스몰토크를 지나치게 하지 않는다는 지적은 다른 나라에서도 종종 나온다. 게다가 용건을 마치면 "오늘 고마웠습니다, 그럼!"이라며 방을 나가버린다. 용건을 마치고 곧바로 나가는 것은 그래도 나은 편이다. 때로는 이야기 도중에 시간이 되었다며 자리를 뜨기도 한다.

일본에서는 용건이 끝나면 간단하게 잡담을 나누거나 손님을 현관까지 배웅하는 것이 기본이지만, 핀란드인은 그러는 경우가 거의 없다. 물론 핀란드인 중에도 개인차는 있지만, 너무나도 깔끔하게 끝내버리는 바람에 상대가 당황스러워하거나 무례하다고 느끼지는 않았을까 걱정되어 가슴이 콩닥거렸던 적도 있다.

그러나 냉정하게 생각해보면 미팅이나 면담을 길게 하지 않고 빠르게 끝내는 것은 분명히 효율적이다. '벌써 끝? 돌아가는 거야?'라며 핀란드인의 행동에 놀랄 때마다 나도 모르게 이야기를 길게 하고 마는 내 행동을 반성하는 동시에 조금은 본받자고 생각하게 된다.

빼놓을 수 없는
키워드

··

핀란드의 업무 문화를 이야기할 때 빼놓을 수 없는 키워드는 '웰빙(Well-being)'이다. 핀란드인은 웰빙이라는 말을 자주 사용하며 중요시한다. 웰빙이란 신체적, 정신적, 사회적으로 양호한 상태에 있음을 의미한다.

행복이라는 말로 설명되기도 하지만 기쁘거나 즐거운 심리 상태라기보다 몸과 마음 모두 건강한 상태에 있음을 가리킨다. 직장뿐만 아니라 학교생활의 웰빙, 일상의 웰빙 등 다양한 곳에서 사용되는데, 직장의 웰빙이라고 하면 '몸과 마음이 건강한 상태'를 기반으로 한 직원의 의욕, 인간관계, 회사에 대한 신뢰, 책임감의 향상이라는 뜻으로 사용된다.

한 핀란드 친구와 업무 효율에 관한 이야기를 한 적이 있다. 그때도 친구는 "웰빙은 업무 효율을 높이는 중요한 열쇠야. 몸이나 마음의 문제를 일찍 깨닫는 것은 물론이고, 실제로 몸 상태가 망가지기 전에 이를 예방하기 위한 지원 활동도 중요해. 그리고 이건 회사만의 책임이 아니라, 사원 자신도 생각해야 하는 문제야. 그래야 비로소 병결이나 퇴직을 방지할 수 있고 능력의 저하도 예방할 수 있거든"이라며 자연스럽게 웰빙을 언급했다.

지금까지 소개한 긴 여름휴가, 유연근무제 등의 유연한 노동 방식, 사무실 환경의 개선, 휴식을 취하는 방식 등은 전부 사원과 직장의 웰빙으로 이어진다. 사원 개개인이 몸과 마음 모두 건강한 상태를 유지하는 것은 이익을 만들어야 하는 회사 조직에도 긍정적으로 작용한다.

인건비가 높은 데다 휴가와 정시 퇴근을 고려해야 하는 핀란드에서는 이전보다 더 생산성의 향상, 업무의 효율화를 추구하게 되었다. 게다가 변화가 극심한 현대사회에서는 계속해서 새로운 물건을 만들어낼 필요가 있으며, 이를 위해서는 이노베이션과 창조성, 혁신성이 요구된다. 그에 더해 사원과 직장의 웰빙이 충실할 때 비로소 일에 집중할 수 있고 새로운 아이디어도 솟아난다.

철저하게
효율을 추구한다
·····························

　웰빙과 함께 핀란드의 기업이나 조직이 추구하는 것은 바로 효율이다. 인구가 적은 핀란드에서는 적은 인원수로 정해진 시간 안에 최대한의 결과를 낼 필요가 있다. 그리고 이를 뒷받침하기 위해서는 남녀 모두 일하며 여성뿐만 아니라 남성도 가정에서 집안일과 육아를 적극적으로 부담해야 한다. 다시 말해 성별에 상관없이 장시간 노동은 최대한 피하면서 낭비를 줄이고 효율을 높여야 한다는 뜻이다.

　나는 핀란드가 이 효율을 철저히 추구하고 있다고 생각한다. 단순히 일하는 시간을 줄이는 것만으로는 절대 효율이 오르지 않는다. 정보통신 기술을 적극적으로 도입하여 불필요한 서류나 과정을 생략한다. 기존 방식에 얽매이지 않고 효율이나 비용 측면에서 좀 더 낫다고 생각하는 것을 과감하게 도입한다.

예를 들어 돌봄 현장에서는 디지털기기와 인터넷 통신을 적극적으로 사용해 원격 돌봄과 기록의 전산화를 가능케 하여 돌봄 종사자의 부담을 줄이고 있다. 보육이나 교육에 있어서도 손으로 쓰는 가정통신문 대신 인터넷으로 보호자와 소통하고 있다.

사무실에서도 가급적 온라인 서류를 사용하는 등 전산화를 진행하고 있다. 또한 다음 장에서 이야기하듯 부하 직원을 믿고 재량권을 주거나 조직을 좀 더 수평하게 만듦으로써 조직 내부의 결정을 서로 다른 사람에게 떠넘기는 일이 생기지 않도록 하고 있다.

그러나 아무리 효율을 높이더라도 정해진 시간 안에 수많은 업무를 전부 처리하는 것은 쉬운 일이 아니다. 항상 우선순위를 생각하며 중요도와 긴급성이 높은 일부터 처리해나갈 필요가 있다. 이 때문에 우선도가 낮다고 여기는 일은 진행되지 않거나 이메일로 문의해도 답신이 오지 않는 경우가 있다.

핀란드인과 커뮤니케이션을 할 때는 내가 바라는 100퍼센트의 답변을 해줄 거라 기대하지 않는 편이 좋다. 중요한 사안일 때는 전화하거나 재차 문의하는 등 다양한 방법으로 중요성을 호소할 필요가 있다.

다만 매번 "즉시 답변 부탁드립니다" "이것은 중요한 안건이니……"라고 말하면 양치기 소년처럼 무시당할 수도 있기 때문에 적당히 해야 한다. 이 '적당히'를 파악하기가 참으로 어렵지만…….

핀란드 사람들은
어떻게 일할까?

일본과 핀란드는 업무를 진행하는 방식에 차이가 있다. 일본에서는 세밀한 부분을 채워서 계획을 빈틈없이 세운 다음 진행하는데, 핀란드에서는 반대로 먼저 큰 틀부터 생각한 다음 세밀한 부분을 서서히 채워나간다. 그런 까닭에 너무 빈틈없는 계획은 세우지 않으며, 그때그때 계획을 수정한다.

일본의 방식은 어느 정도 계획이 확립되면 그 뒤에는 원활하게 진행될 가능성이 높지만 유연성이 부족할 때가 있다. 한편 핀란드의 방식은 일단 빠르게 착수한 다음 시행착오를 반복하면서 진행하는 느낌이다. 과연 어느 쪽이 더 효율적일까? 주위 사람들의 의견을 들어보면, 일본인은 일본의 방식이 더 정확하고 확실해서 좋다고 생각하며, 핀란드인은 핀란드의 방식이 더 빠르고 좋다고 생각한다.

또한 완성도에 대한 감각도 조금 다르다. 일본인은 마감일을 넘기더라도 완벽하게 만들고 싶어 하고, 핀란드인은 합격선만 넘으면 완벽하지 않아도 마감일에 맞추는 것을 더 중요하게 생각한다. 그리고 가능성이 보인다면 그때부터 조금씩 조정한다. 문화의 차이는 있지만, 냉정하게 효율을 추구하는 핀란드의 방식을 배워보는 것도 나쁘지는 않을 것이다.

웰빙과 효율의
연결고리

웰빙을 유지하거나 향상시키면서 효율도 높이는 것은 그리 간단한 일이 아니다. 그렇다고 어느 한쪽을 소홀히 해서도 안 된다. 이 두 가지는 상반되는 개념이 아니며, 어느 하나가 다른 하나보다 더 중요한 것도 아니다. 매년 여름휴가가 끝난 뒤에 재충전을 마친 핀란드인이 무서운 집중력으로 업무를 처리해나가는 모습을 목격하는데, 그럴 때마다 웰빙과 효율은 서로 연결되어 있음을 느낀다.

또한 디지털화로 커뮤니케이션의 용이성과 속도가 향상되어 그에 소요되는 수고와 시간이 줄어들어 웰빙이 향상된 사례도 있다. 그래서 핀란드에서는 웰빙과 효율 개선을 위해 사내 대화도 적극적으로 권장한다.

제3장

행복한 직장인에게
배우는 업무 노하우

직함은
중요하지 않다

핀란드의 기업 문화에서 어떤 점이 가장 마음에 드는지 질문을 받았을 때 '일과 생활의 균형'과 함께 언급하는 것이 있다. 바로 '평등하고 개방적인 관계성'이다.

조직에는 관리자, 경영지원, 엔지니어, 어시스턴트 등 다양한 직함과 역할이 존재한다. 그러나 어느 핀란드 친구는 내게 이렇게 말했다.

"그런 차이가 자동으로 그 사람의 가치 평가로 이어지지는 않아. 그보다는 그 사람이 어떤 일을 했는가, 어떤 결과를 냈는가, 스킬이나 지식을 얼마나 발휘했는가, 윤리적으로 행동했는가, 주위 사람들과 어떻게 협력했는가, 상사뿐만 아니라 주위 사람의 눈에 어떻게 비치고 있는가 등이 그 사람의 가치를 결정하지. 그리고 경영진이 사원들의 이야기에 항상 귀를 기울이기 때문에 사원들은 자신의 환경이나 업무에 대해 적극적으로 의견을 낼 수 있어. 자신이 봤을 때 개선할 점이 있다면 부담 없이 상사에게 피드백을 하거나 비판할 수 있지."

1,000명 이상의 사원을 보유한 핀란드 기업에서 일하는 친구 역시 "나와 사장 사이에는 분명히 몇 단계나 차이가 있지만. 계급적인 차이는 그다지 느껴지지 않아. 뭔가 마음에 들지 않는 점이나 개선할 점이 있으면 상사는 물론이고 사장에게도 직접 이야기할 수 있어"라고 말했다.

개방적이고
수평적인 조직

본래 핀란드 사회 자체가 그렇기는 하지만, 핀란드의 기업이나 조직은 매우 개방적이며 수평적이어서 상하관계가 거의 없다. 하고 싶은 말이 있으면 상사와도 직접 터놓고 의논할 수 있다. 이러한 모습은 효율과 기업 문화에도 영향을 끼친다.

일반적으로는 조직의 피라미드가 높을수록 계층이 늘어나서 어떤 결정을 내리기까지 시간이 걸리기 마련인데, 핀란드는 가급적 계층을 만들지 않는다. 그리고 개개인을 신뢰해 재량권을 부여하며, 상사는 큰 틀만을 관리한다. 또한 개인의 업무 내용을 세분화해서 명확히 정하기 때문에 자신의 책임 범위가 분명하며, 그 결과 이 사람 저 사람 찾아가 결재받는 데 시간 낭비할 필요도 없다.

언어도 일본처럼 복잡한 경어 구조가 존재하지 않는다. 경어가 있긴 해도 그다지 많이 사용하지 않기에 동년배나 상사와 이야기할 때 언어적으로 크게 다르지 않다. 상사를 이름으로 불러도 문제가 되지 않는다. 이것은 분명 편하기는 하지만, 오히려 당혹감을 느끼는 경우도 많다. '사장의 이름을 막 불러도 되는 걸까?' '입사한 지 얼마 되지도 않았는데 반말로 내 의견을 말해도 되는 걸까?' 같은 생각이 드는 것이다.

그러나 핀란드에서는 애초에 교사와 교수도 이름으로 부르며, 시장이나 정치가도 조심스러운 말투를 쓰기보다는 이름을 부르면서 편하게 단도직입적으로 말해주기를 바란다. 그렇다 보니 오히려 어떤 때 경어를 써야 하는지 헷갈리곤 한다. 서비스업의 경우 고객에게 실례를 범하지 않도록 경어를 사용하지만, 그렇다고 자신을 낮출 필요는 없으며 굳이 따지자면 친구나 파트너를 대하는 느낌으로 상대한다.

그런 문화적·언어적 배경이 있기에 핀란드의 조직은 높은 피라미드의 형태라기보다 사장이나 소장 같은 톱 리더 밑에 사람들이 수평하게 있는 1~3층 정도의 계단 구조에 가깝다.

참조는
넣지 않는다

핀란드에서도 매니지먼트 스타일에는 개인차가 있다. 모든 것을 파악하고 싶어 하는 유형도 분명히 존재한다. 그런 유형은 이메일을 보낼 때 자신을 참조에 추가하도록 요구하며 회의도 쓸데없이 많이 한다. 그러나 내가 아는 한 부하를 믿고 맡기며 가급적이면 자신을 참조에 넣지 말라고 하는 상사도 많다. 무엇인가 고민거리가 있거나 망설여지는 것이 있으면 직접 찾아와서 의논해도 되지만, 하나부터 열까지 전부 자신에게 의견을 구할 필요는 없으며 최대한 스스로 생각해서 결정하라고 말한다. 내 직속 상사가 그런 유형이어서 "읽어야 할 이메일이 늘어나니까 참조에 나는 추가하지 말아줘. 상담할 게 있거나 진척 상황을 보고할 때는 직접 와서 말로 하도록"이라고 지시한다.

상사가 어떤 스타일이든, 사원이라 해도 조직의 최고 책임자에게 부담 없이 말을 걸고 이야기할 수 있다. 오히려 언제든지 무슨 일이 있으면 말을 걸어주기를 바라는 최고 책임자가 많다. 이는 인턴이라 해도 마찬가지다.

핀란드의 기업과 조직에서는 인턴을 받아들여서 일정 기간 함께 일한다. 이때 인턴이 회의에서 의견을 내놓든 최고 경영자에게 말을 걸든 그것을 무례한 행동이라고 생각하지 않고 오히려 그 적극성을 높게 평가한다. 그만큼 조직의 의사소통이 원활하고 상하관계가 느슨하다. 다만 이야기를 들어주는 것과 받아들이는 것은 별개의 문제다. 반드시 의견을 받아들여주는 것은 아니다.

일본에서는 어떤 사람과 친분을 쌓고 싶거나 연락을 하고 싶을 때 다른 사람에게 소개를 부탁해서 접근하는 경우가 많다. 현 직장에서도 "핀란드의 ××에서 일하는 ○○씨에게 연락하고 싶은데, 소개 좀 해주세요"라는 부탁을 끊임없이 받는다. 다만 우리 쪽에서는 "연락처를 알고 계신다면 직접 연락해보세요"라고 대답한다. 소개가 전혀 의미 없다고 생각하지는 않지만, 직접 연락하는 편이 더 빠를 뿐 아니라 상대도 너무 바빠서 연락받을 시간조차 없는 것이 아닌 이상 싫어하지 않고 정중하게 대응해준다.

연령도 성별도
상관없이

　조직의 느슨한 상하관계는 직함뿐만 아니라 근속 연수나 연령, 학력, 성별에도 좌우되지 않는다. 애초에 노동시장이 유동적이어서 이직도 일본보다 훨씬 많다. 그래서 핀란드의 직장에서는 근속 연수가 몇 년만 되어도 긴 편에 속할 때가 종종 있다. 오래 일할수록 휴일 등이 많아지는 이점은 있지만 연공서열은 없고 실력과 성과가 중시된다.

　그래서 20대에 관리직으로 발탁되는 경우가 있는가 하면, 입사한 지 얼마 되지 않아 책임 있는 지위에 오르기도 한다. 20대에 관리직이 되어서 50대 부하 직원을 뒀다거나 20대에 은행 지점장이 되었다는 이야기를 처음 들었을 때는 충격을 받았지만, 핀란드 사회를 오랫동안 지켜본 지금은 전혀 놀랍지 않다. 20대 리더 밑에서 일하고 있는 50대 엔지니어 지인은 "나는 현장에서 엔지니어로 일하고 싶지,

서류를 작성하거나 회의에 참석하거나 부하 직원을 관리하고 싶지는 않아. 상사가 아들뻘이면 어때, 귀엽기만 한데. 우리가 젊은 친구들을 뒷받침하면 되지"라고 말했다.

또한 최근에는 여성이 책임 있는 자리에 오르는 일도 늘어났다. 맞벌이가 일반적이고 여성의 학력이나 학교 성적이 더 좋은 핀란드에서는 취업률도 여성이 더 높다. 이제 '여성 최초'라는 뉴스는 거의 들을 수 없으며, 정치계에서도 여성 대통령과 총리가 이미 탄생했다. 현 내각도 여성 각료가 더 많고, 당 대표도 여성이 더 많아졌다.

공공기관에서는 관리직이나 경영자의 자리에 오른 여성의 수가 남성과 거의 차이 없는 수준까지 이르렀지만, 일반 기업의 경우는 이사나 관리직에 있는 여성의 수가 아직 절반에 크게 미치지 못하고 있다. 특히 엔지니어링 회사나 전통적으로 남성이 많은 분야에는 아직 여성의 수가 적으며, 프로그래머 같은 직종도 여성의 수가 30퍼센트 정도밖에 되지 않는다. 남녀에 따른 산업·직업의 편향이나 기업 고위직에 여성이 적다는 것, 평균 임금 격차를 줄일 것 등이 앞으로 핀란드가 해결해야 할 과제이기도 하다.

참고로 여기에서 말하는 평균 임금 격차는 같은 일을 했을 경우 남녀 임금에 격차가 있다는 의미가 아니라 남성은 더 급여가 높은 업계나 지위에 있는 경우가 많은 반면에 여성은 그보다 임금이 낮은 업계에서 일하거나 일시적으로 계약직·단기 근무를 하는 경우가 많아서 평균 급여에 차이가 생긴다는 뜻이다.

그러나 서비스업 등 분야에 따라서는 여성이 압도적으로 많은 곳도 있고, 경영진이 전부 여성인 곳도 있다. 아직 남녀 공동 참가가 완전히 실현된 것은 아니지만, 적어도 여성이라는 성별이 승진의 장벽은 아니게 되었다.

상대를 신뢰하고
일을 맡겨본다

핀란드에서는 남성이든 여성이든 성별에 구애받지 않으며, 나이가 젊든 근속 연수가 짧든 일단 상대를 신뢰하고 일을 맡겨보는 풍조가 있다. 처음에는 잘하지 못할 때도 있지만, 그럴 경우는 지원을 해준다. '여성이라서' '어려서' '아직 들어온 지 얼마 안 돼서' 같은 분위기나 '기대하지 않는 눈치' '위에서 내려다보는 시선'은 전혀 느껴지지 않는다. 관리직이나 리더를 맡고 있는 핀란드인과 이야기를 나누다 보면 그들은 진지한 표정으로 기술적인 이야기나 경영에 관한 이야기를 내가 이해하기 쉽도록 열심히 설명해준다. 일본에서는 그런 경험을 해본 적이 없기에 항상 신기하다.

핀란드의 대학교에서 아르바이트했을 때도 상사인 핀란드 교수는 알게 된 지 얼마 되지도 않은 내게 커다란 학회의 사회와 진행 점검을 맡겼다. 어떤 의미에서는 무모한 요구이기에 처음에는 깜짝 놀랐지만, 그와 동시에 한번 해보자는 의욕이 솟아난 것도 사실이다. 그렇게 상대를 신뢰하는 핀란드의 매니지먼트는 참으로 기분 좋으며, 일을 부탁받은 쪽은 기대에 부응하고자 의욕을 불태우게 된다.

핀란드에서는 학교나 기업뿐만 아니라 정치계에서도 상하관계를 만들지 않는다. 변혁을 추구하는 참신한 30대 여성 정치가를 당 대표로 뽑기도 하고, 의욕이 넘치고 유연한 사고방식을 가진 20~30대의 젊은 정치가를 장관으로 임명하기도 한다.

개인의 의사를 중시하는
업무 분장

핀란드에서는 종합직 같은 대략적인 범주가 아니라 업무를 명확히 해서 직종별로 사원을 채용하는 경우가 많다. 채용할 때는 근무지나 조건, 규칙도 명확히 밝히며, 본인의 의사나 희망과 상관없이 이동시키는 일은 없다. 물론 새로운 직위나 업무 내용을 상사가 제안하는 경우는 있지만, 이것도 명령은 절대 아니다. 본인의 의사도 중시한다.

사내 공모도 많다. 커다란 회사나 조직의 경우, 어떤 직위에 빈자리가 생기면 사내 공모가 시작된다. 해외 지사 자리도 사내 공모를 통해 응모받는 경우가 많다. 핀란드 외무부도 이 방식을 채용하고 있어서 임기가 끝나는 시기가 가까워지면 귀국할지, 다른 나라로 갈지, 다른 직위로 이동할지 내부의 빈자리 목록에서 선택해 응모해야 한다. 대사라는 직무도 마찬가지여서 응모자 중 최적의 인재가 선발된다.

다만 응모한다고 해서 반드시 선발되는 것은 아니기에 복수의 자리에 응모할 필요가 있다. 또한 타이밍에 따라서는 선택지가 거의 없을 때도 있다. 임기가 약 3년인 자리가 많기 때문에 거의 3년마다 구직 활동을 하는 느낌이다. 임기가 다가오고 있는데 다음 자리가 좀처럼 결정되지 않아 걱정하는 동료를 볼 때마다 어떤 제도든지 장단점이 있음을 새삼 깨닫게 된다.

보스 없이
일한다

　핀란드에서는 최근 강력한 의사 결정권을 가진 보스가 아예 없는 기업도 탄생했다. 핀란드를 대표하는 게임 회사인 슈퍼셀(Supercell), 새로운 IT 기업인 리액토(Reaktor), 푸투리세(Futurice), 빈시트(Vincit), 프락티오(Fraktio) 등은 핀란드뿐만 아니라 유럽에서도 일하고 싶은 직장 상위권에 올랐다. 이 기업들의 특징은 자주성을 중요시한다는 것이다.

　게임 기업인 슈퍼셀의 경우, 리더와 관리직이 있기는 하지만 피라미드형이 아니라 팀제 조직을 채택한 것으로 유명하다. 수 명에서 수십 명으로 구성된 각각의 팀이 최종 의사 결정을 한다. 팀의 의사가 무엇보다 존중되며, 경영자나 관리직의 역할은 그 의사를 밑에서 뒷받침하는 것이다.

　보스가 없는 직장은 어떤 느낌일까? 무엇보다 승인을 받거나 누군가의 결정을 기다릴 필요가 없기에 업무의 흐름이 원활하다. 2012년에 창립된 프라티오는 인터넷 서비스를 제공하는 회사로, 사원이 30명인데 상사는 없다. 고객을 대상으로 하는 프로젝트에서도 프로젝트 리더는 지명하지 않는다. 결정이나 성공은 팀 전체의 몫이다. 이 회사의 설립자는 "제가 바라는 형태의 직장이 만들어졌습니다. 저도 일하면서 스스로 무엇인가를 결정할 수 있다는 데 감사하고 있고, 만약 뭔가 일이 뜻대로 되지 않았다면 그건 제 책임이 됩니다"라고 이야기했다.

그런데 과연 이런 방식을 다른 기업에도 적용할 수 있을까? 이런 유형은 신흥 IT 기업에 많지만, IT 기업만의 전유물은 아니다. 상사가 시키는 일이나 어느 한 사람을 위해 일하는 것이 아니라 서로를 위해 일하고 싶다는 이유로 보스를 만들지 않는 조직이 다른 분야에도 존재한다. 다만 해결해야 할 과제가 있는 것 또한 사실이다. 모두가 똑같이 열심히 일하는 것도 아니고, 정보를 어디까지 공유해야 하는가, 문제가 발생했을 때 어떻게 할 것인가 등도 정해야 한다. 이처럼 보스 없는 조직을 원활히 운영하기 위해서는 여러 가지 규칙과 적응이 필요하다. 앞으로 이런 조직을 둔 기업이 어떻게 성장해나갈지 귀추가 주목된다.

환영회나 송별회도
커피로

조직이 커지면 상사와 사원, 사원과 사원의 커뮤니케이션이 어려워지는 경향이 있다. 그럼에도 핀란드의 조직은 전통적으로 개개인을 소중히 생각하는 것을 느낄 수 있다. 환영회나 송별회, 생일 같은 행사를 중요하게 여기면서도 사생활을 희생시키지 않는 모습 때문이다.

커피 문화가 발달했고 일과 생활의 경계선이 명확한 핀란드에서는 사원의 환영회나 송별회도 근무시간에 커피와 케이크를 먹으면서 한다. 특히 인턴이 연수를 마치는 날이나 동료가 퇴사할 때는 '작별 커피'라고 해서 회의실이나 커피룸에 케이크와 음료수를 준비한다. 그리고 대표자가 짧은 연설을 한 다음, 작별 인사를 적은 편지나 선물을 건네며 이야기를 나눈다. 시간은 30분 정도이며, 직장 내에서 이루어지기에 사적인 저녁시간을 빼앗길 일도 없고 바뻐더라도 잠깐 얼굴을 보일 수는 있다.

그 밖에도 신입 사원 환영, 생일 축하, 자녀 탄생 축하 등 다양한 이유로 커피 모임을 갖는다. 빈도는 직장이나 그곳에서 일하는 사람들, 상사의 뜻에 달려 있다. 비용은 참가자가 갹출하거나 경영진이 내거나 회사 경비로 처리하는 등 상황에 따라 달라진다. 또한 때로는 커피뿐만 아니라 샴페인 같은 주류가 나오기도 한다.

퇴근 후에 모두가 함께 술을 마시러 가는 일은 거의 없다. 근무시간 이후에는 저마다 일정이 있거나 가족과 시간을 보내려 하며, 그 시간을 방해받지 않고 싶어 한다. 물론 업무를 마친 뒤에 마음이 맞는 동료와 외식하거나 일정을 맞춰 술을 마시러 가는 경우도 아주 없지는 않지만 매우 드문 것이 사실이다. 내부의 커뮤니케이션을 활성화하고 싶다면 휴식시간에 이야기를 나누거나 점심을 함께 먹는 등 최대한 근무시간 내에 해결하는 것이 핀란드의 방식이다.

핀란드에서 커피는 외부에서 손님이 방문했을 때도 효과적으로 사용된다. 중요한 고객이 회의 등을 위해 찾아오면 커피와 홍차를 모두 준비해서 원하는 쪽을 선택할 수 있게 한다. 또한 케이크나 샌드위치 등의 가벼운 음식을 준비해놓는 경우도 많다. 그런 작은 배려가 회의의 분위기를 부드럽게 만들고 재충전의 효과를 가져다준다.

직장에서 열리는
유일한 회식

핀란드에도 직장에서 열리는 회식이 존재한다. 바로 '피쿠요울루(Pikkujoulu)＝작은 크리스마스'라고 부르는 모임이다. 일종의 송년회 같은 것으로, 11월 중순부터 12월에 걸쳐 열리며 많은 사람이 이 모임을 고대한다.

멋지게 차려입은 채 크리스마스 음식을 먹고 술을 마시며 게임을 하거나 춤을 춘다. 이때만큼은 '격식에 얽매이지 않는' 분위기가 있다. 피쿠요울루는 야간에 열릴 때가 많지만, 사생활을 방해하지 않도록 점심시간이나 오후 4시경부터 개최하는 경우도 있다.

실제로 내가 다니는 직장에는 어린 자녀를 둔 직원이 많기 때문에 오후 4시경부터 자녀나 파트너 동반 모임으로 개최함으로써 가족끼리의 교류도 꾀한다. 이 크리스마스 파티는 송년회와 마찬가지로 직장에서만 개최하는 것이 아니라 친구끼리, 취미가 같은 동료끼리, 학교에서, 아파트에서도 열려서 크리스마스 직전이 되면 다들 모임으로 바빠진다.

또한 핀란드에서 5월 1일은 노동절인 동시에 봄의 도래를 축하하는 '바푸(Vappu)'라는 축제일이기도 한데, 이날을 축하하는 회사도 많다. 친구 회사에서는 이날이 가까워지면 바푸 고유의 과자와 도넛 그리고 시마라고 부르는 음료가 제공된다고 한다. 바푸에 먹는 과자는 파스타를 튀긴 것처럼 생긴 바삭한 빵에 설탕을 듬뿍 뿌린 것인데, 이 시기에만 먹을 수 있다. 또한 도넛은 겉으로 보기에는 평범하지만 반죽에 카다멈(생강과 식물의 씨앗으로 만든 향신료-옮긴이)이 들어 있다. 그리고 시마는 물과 황설탕, 이스트, 레몬즙, 건포도를 섞어서 발효시킨 것으로, 이것을 마셔야 바푸 기분이 난다고 할 만큼 이 시기에 없어서는 안 되는 음료수다.

핀란드에는 회사에 사우나가 있는 경우도 많다. 일을 끝내고 사우나에 들어가 이야기를 나누거나 교류하는 것도 사내 커뮤니케이션 중 하나다. 사우나 안에서는 모두가 평등하다. 직함도 옷도 전부 벗어던지고 속마음을 털어놓는다. 상하관계가 엄격한 군대에서도 사우나에서만큼은 상사에게 통상적인 경례를 할 필요가 없다고 한다.

그뿐만이 아니라 손님을 초대해 사우나에서 교류할 때도 있다. 사우나에는 사람과 사람 사이의 거리를 단숨에 좁혀주는 마법이 숨어 있다. 사우나에 관해서는 다음 장에서 좀 더 자세히 소개하겠다.

접대는
낮에 한다

핀란드에서는 정보 교환이나 사례의 의미로 하는 접대 시간을 밤이나 주말로 한정하지 않는다. 외국에서 중요한 고객이 왔을 경우에는 밤이나 주말에 접대하는 경우도 있지만, 최근에는 런치 미팅이나 아침을 함께 먹는 브렉퍼스트 미팅도 활성화되었다.

밤에는 아무래도 양쪽 모두의 사생활이나 가족과 보낼 시간을 할애하게 되며, 일정 조정이 어렵거나 찝찝한 기분이 남는 경우도 있다. 그렇다면 점심이나 아침시간을 제안하는 편이 서로에게 부담이 적다. 설령 짧은 시간이라도 얼굴을 마주하고 본론을 이야기함으로써 미팅이나 관계 형성을 좀 더 충실히 할 수 있기도 하다.

예전에 일본에서 한 기자가 밤에 취재 대상의 호출을 받아서 함께 저녁을 먹다가 성희롱을 당해 떠들썩한 사건이 있었다. 일본의 보도 관련 분야에서 일하는 친구에게 이야기를 들어보니, 서로 돕고 사는 관계이기 때문에 귀중한 정보나 재미있는 기삿거리를 얻을 수 있겠다고 생각하면 설령 한밤중이라도 취재 대상과 만난다고 한다.

신문기자 또는 잡지기자로 일하고 있는 핀란드 친구들에게 물어봤는데 "분명히 특종이나 독점 기삿거리에는 흥미가 있지만, 근무시간이 아닌 내 사적인 시간을 쓰면서까지 만나러 가고 싶지는 않아. 취미 생활과 집안일로 바쁜데 그럴 여유는 없어"라는 대답이 돌아왔다. 일은 일, 사생활은 사생활이라고 명확히 선을 긋는 것이 역시 핀란드인답다는 생각이 들었다.

그래도 괴롭힘은
존재한다

핀란드에서는 근무시간 이외의 사생활을 존중하고 상하
관계도 느슨하지만, 안타깝게도 성희롱이나 상사 갑질 같
은 괴롭힘이 전혀 없다고는 말할 수 없다. 미투(Me Too) 운
동이 일어나자 실제로 많은 사람이 성희롱이나 갑질을 당
한 경험을 털어놓기 시작했다.

본래 권리 의식이 강하고 노동조합의 힘도 강한 나라이
기에 속으로 삭이지 않고 공개적으로 호소하는 사람의 수
가 적지 않다. 내 친구도 대학생 때 여름 인턴십 연수에서
상사에게 갑질을 당하자 노동조합에 호소해 경고를 주도
록 한 적이 있다. 게다가 이직이 활발한 핀란드에서는 꾹
참고 그 조직에 계속 있을 필요도 없다. 그럼에도 지금까
지 괴롭힘을 눈감아온 경험이나 괴롭힘이 아닌지 마음속
으로 의문을 품었던 사례들은 존재했고, 미투 운동을 계기

로 그런 것들이 표면화되었다.

지금은 모든 조직이 괴롭힘을 박멸하기 위해 다양한 연수와 내부 고발제도를 지나칠 만큼 강화하고 있다. 나도 직장에서 괴롭힘에 관한 동영상을 시청하고, 매년 다양한 각도에서 설문 조사를 받고 있다. 미투 운동은 어떤 의미에서 핀란드에도 다양한 괴롭힘이 존재하고, 의외로 가까운 곳에 있으며 자신의 행위가 괴롭힘에 해당되는 경우도 있음을 모두가 자각하는 계기가 되었지 않나 싶다.

얼마 전 이런 상황을 상징하는 듯한 일이 있었다. 핀란드인 남성 동료가 내게 "헤어스타일 바꿨네? 잘 어울린다"라고 말했다. 그 말을 호의적으로 받아들인 나는 고맙다고 말했는데, 그는 "다행이다, 오해하지 않아서. 1년 이상 알고 지낸 동료이고 연배도 같아서 너한테는 말할 수 있지만, 인턴이나 나이가 많이 어리고 별로 친하지 않은 여성한테는 성희롱으로 오해받을 것 같아서 못 하겠더라고"라며 말을 이었다. 나는 그건 조금 과한 걱정이 아닌가 싶었는데, 핀란드인 동료들은 모두 그 말에 동의했다. 오늘날에는 칭찬의 말도 상대를 불쾌하게 만들 위험성을 내포하고 있기에 안일하게 생각하고 말해서는 안 된다는 것을 느꼈다.

아버지의 80퍼센트가
육아휴가를

핀란드에서는 출산 괴롭힘(직장 내에서 업무 지장 등을 이유로 임부를 정신적·육체적으로 괴롭히는 것. 영어로는 'Maternity harassment'라고 한다 - 옮긴이)을 거의 들어본 적이 없다. 출산휴가와 육아휴가는 법률로 인정받은 권리다. 자녀가 3세가 되기 전까지 육아휴가가 인정되기 때문에 휴가 기간이 최대 3년에 이르는 경우도 있지만, 쉬는 사람을 대신해 일할 사람을 고용하기 때문에 주위 사람들이 피해를 보는 일은 적다. 또한 대리로 고용된 사람에게는 자신의 실력을 어필할 좋은 기회가 된다. 실업률이 일본보다 높고 대졸 신입 사원 채용 시스템이 없는 핀란드에서 이 1~3년의 기간 한정 고용은 풀타임 정규직이 되기 위한 첫걸음이며 좋은 경험이다. 기업으로서도 새로운 인재를 시험해볼 기회가 된다.

대리자 고용 시스템은 국회의원에게도 적용된다. 2019년 여름부터 아니카 사리코 과학문화부 장관이 1년간 출산·육아휴가에 들어갔는데, 그 기간 동안 같은 당의 다른 의원이 대리로 장관직을 맡게 되었다. 사리코 의원은 이전에도 육아휴가 중에 장관직을 제안받았지만 육아휴가 기간을 연장해서 장관 취임이 미뤄진 적이 있었다.

그런데 여성의 출산·육아휴가는 아무런 문제가 없지만 장기간의 육아휴가를 신청하려 하는 남성에 대해서는 괴롭힘이 다소 존재하는 경우도 있는 모양이다. 현재 80퍼센트의 아버지들이 육아휴가를 사용했는데, 그 기간을 보면 3주에서 2개월로 여성에 비해 그리 길지 않다. 이 경우는 딱히 대리를 고용하지는 않지만, 육아휴가의 시기나 기간이 약 반년 전부터 주위에 전달되기 때문에 업무 조정에 어려움이 없으며 주위에서도 일찍부터 도와줄 수 있다. 최근에는 아버지도 육아휴가를 사용하는 것이 당연해져서, 신청하지 않으면 오히려 인간성을 의심받을 정도가 되었다.

다만 2개월 이상의 육아휴가를 신청할 때 "정말 훌륭한 결정이야!"라며 호의적으로 반응하는 상사가 있는 반면에 아직 이해를 구하기 어려운 경우도 있다고 한다. 대리로 일할 사람을 고용해야 할지 아니면 주위 동료들의 협력으로 공백을 메울 수 있을지 판단이 어려워지는 기간이기도 하다. 그러나 남성이 좀 더 유연하게 장기간의 육아휴가를 사용할 수 있도록 제도를 개정해나간다는 것이 현 정권의 방침이며 육아에서 아버지와 어머니의 역할 차이가 점점 줄어드는 추세이기 때문에 아버지에 대한 출산 괴롭힘도 머지않아 사라지지 않을까 싶다.

제4장

업무 효율은 회사에서
멀어질 때 커진다

일은 좋지만
내 시간도 중요하다

왜 핀란드인은 오후 4시에 퇴근하는 것일까? 그 답은 지극히 단순하다. 물론 일이 즐겁고 책임을 다해서 제대로 처리하고 싶지만, 일은 어디까지나 근무시간에 마치고 퇴근 후 시간도 소중히 보내고 싶기 때문이다.

그렇다면 그 시간에는 무엇을 할까? 집안일은 물론이고 취미를 즐기거나 스포츠에 열중하거나 친구와 만나거나 평생학습으로 공부하는 등 저마다 좋아하는 일을 하거나 자신만의 시간을 갖는 것을 중요하게 생각한다.

핀란드를 소개하는 공식 미디어인 'this is FINLAND'를 보면, 핀란드인이 자유시간을 보내는 주된 방법은 독서, 산책, 야외 운동, 십자말풀이, 스도쿠, 별장, 공부, 정원 가꾸기 등이다. 웰빙을 위해서도 여가시간에 운동을 하는 사람의 비율이 매우 높다. 산책이나 폴(스틱)을 가지고 걷는 노르딕워킹 또는 가벼운 조깅을 비롯해, 동료와 함께 구기 스포츠를 즐기기도 한다. 통계에 따르면 핀란드인의 평일 운동시간은 세계에서도 최상위권이라고 한다. 이것은 정시에 퇴근해 시간적으로 여유가 있고 주변에 산책이나 조깅 하기에 적합한 자연이 많기 때문이다.

회사가 웰빙을
지원한다

핀란드에서는 회사도 복리후생의 일환으로 업무 이외의 활동이나 취미를 지원해준다. 이를테면 많은 기업이 스포츠·문화 티켓을 통해 사원의 취미나 문화 활동에 들어가는 비용을 대신 부담해주고 있다.

한 친구는 유도 클럽에 다니고 있는데, 기업에서 매년 각 사원에게 지급하는 15만 원 상당의 티켓으로 연회비와 활동비를 충당한다. 회사에서 매년 지원해주는 비용으로 수강비를 내고 대학의 공개강좌를 듣는 친구도 있다. 그 밖에 피트니스센터 회원비나 어학 강좌, 영화나 콘서트 티켓 구입에 사용하는 사람도 많다.

각 지방 자치단체에는 대체로 어학이나 교양, 문화, 수예 등 다채로운 강좌를 갖춘 평생학습학교가 있다. 주 1회씩 4개월 동안 진행되는 강좌지만 비용은 5만 원 이하로 매우 저렴해서 폭넓은 연령층이 다닌다. 핀란드에 살 때 이런 학교에서 일본어를 가르쳤는데, 오후 6~7시에 시작되는 강좌에는 초등학생부터 고령자까지 남녀노소를 가리지 않고 많은 사람이 모였다. 이런 저렴한 학습의 기회가 있는 것도 충실한 사생활을 보내는 데 도움이 된다.

대기업에는 스포츠나 취미 동호회가 있는 경우도 있다. 한 친구는 배드민턴 클럽에서 직장 동료들과 매주 한 번씩 스포츠를 즐긴다. 뿐만 아니라 수예 클럽에도 가입해서 매달 한두 번씩 모여 뜨개질이나 자수를 하고, 부정기적으로 개최되는 체험 클럽에서는 플라잉요가나 볼더링, 곡예 같은 평소에 경험하기 어려운 스포츠를 체험한다. 미용이나 건강 관련 강습을 받는 레이디 클럽과 사진 클럽에도 1년에 몇 차례씩 참가하고 있는데, 기업에서 활동비의 대부분을 부담해주는 까닭에 개인 부담은 그리 크지 않다.

기업으로서는 웰빙의 향상이라는 측면에서 이와 같은 지원을 중요하게 여길 것이다. 일할 때는 열심히 일하고, 퇴근 후에는 긴장을 풀고 푹 쉬거나 몸을 움직이거나 취미를 즐김으로써 내일을 위한 에너지를 충전할 수 있다. 그리고 당연히 사원 간 교류가 생기는 이점도 있다.

아버지도 어머니도
집으로

　자녀가 있는 부모에게는 정시에 서둘러 귀가해야 하는 사정이 있다. 보육원에 아이를 맡기고 있을 경우 저녁까지 데리러 가야 한다. 자녀가 초등학생이나 중학생일 경우도 학교에 동아리가 없기 때문에 지역 스포츠 클럽에 보내거나 마을의 음악교실에 보내야 한다. 게다가 인구밀도가 낮은 핀란드에서는 연습이나 경기를 하는 장소가 집 근처라는 보장이 없기 때문에 자녀가 어릴 때는 이곳저곳에 데려다주고 또 데리러 갈 필요가 있다. 설령 자녀를 스포츠 클럽이나 음악교실에 보내지 않더라도 장시간 자녀만 집에 남겨놓는 것을 바람직하지 않다고 생각하거나 최대한 많은 시간을 가족과 함께 보내고 싶다고 생각해서 귀가를 서두른다.

　핀란드에서는 18세가 되면 집을 떠나 독립하는 것을 당연하게 여기기 때문에 결혼해서 자녀가 생겨도 부모와 함께 사는 일이 거의 없다. 그래서 한 집에 3대가 같이 사는 경우는 거의 없는데, 내 주위에도 2세대 주택이나 같은 건물에서 3대가 함께 사는 집이 딱 둘 있을 뿐이다. 다만 그들도 부모와 자녀가 따로따로 생활하며, 평소에는 거의 서로에게 의지하지 않는다. 그렇기 때문에 맞벌이 부부의 경우 평일에는 교대로 자녀를 데려다주고 데려오거나 식사를 준비하는 등 부부가 협력해서 집안일을 해야 한다. 아버지도 어머니도 정시에 귀가할 필요가 있는 것이다.

예전에 한 친구는 내게 "오후 6시가 넘어서 귀가하는 아버지는 가정을 소중히 여기지 않는, 아버지 자격이 없는 사람이야"라는 충격적인 말을 했다. 이처럼 가족이 있는 사람은 최대한 정시에 귀가해서 가족과 함께 시간을 보낼 것을 요구받는다. 여담이지만, 초등학생 자녀를 둔 핀란드 부모는 아버지가 어머니보다 자녀와 보내는 시간이 조금 더 길다. 또한 자녀가 없더라도 파트너가 있는 사람들은 상대와 함께 시간을 보내고 싶은 마음에 빨리 귀가하려 한다.

수면은
7시간 반 이상

 겨울이 길고 매우 어두운 시기가 있는 핀란드에서는 가족이 없고 취미도 없을 경우, 정시에 퇴근한 뒤에 적적함을 느낄지도 모른다. 그러나 하고 싶은 것을 하거나 멍하니 있을 시간이 있다고 생각할 수도 있다. 모두가 취미나 공부, 운동을 하느라 바쁜 것은 아니고, 책을 읽거나 게임 또는 인터넷을 즐기거나 텔레비전이나 영화를 보거나 빈둥거리는 시간을 즐기는 사람도 있다.

 핀란드는 1인당 양초 소비량이 세계에서 가장 많다. 어둡고 긴 겨울에 집에서 편하게 쉴 때 양초는 빼놓을 수 없다. 유리나 도자기 등으로 만든 다양한 캔들 홀더에 양초를 넣고 불을 붙인다. 게다가 난로가 있는 집도 많아서, 난로에 불을 피워 방을 따뜻하게 덥히는 동시에 넘실거리는 불꽃을 즐긴다. 또한 겨울에는 집에서 보내는 시간이 길기 때문에 기분 좋은 공간을 만들기 위해 가구나 장식에 신경을 많이 쓴다.

핀란드인은 평균 수면시간이 길어서 어른도 7시간 반 이상 잔다. 신문기자인 한 친구는 반드시 8시간 반 이상은 잔다고 말했다. 정시에 퇴근해 여유로운 시간을 보낼 수 있기에 충분한 수면시간을 확보할 수 있는 것이다.

주말을
여유롭게

핀란드인은 주말을 어떻게 보낼까? 평일과 마찬가지로 취미 활동 혹은 스포츠를 즐기거나 자녀의 대회 또는 취미 활동 장소에 데려다주고 데려오거나 평생학습을 하는 등 다양한 활동을 한다. 평소에 하지 못했던 청소나 정리, 빨래, DIY에 열중하는 사람도 있다.

일본에서는 주말에 장을 보거나 번화가로 놀러 가는 사람이 많은데, 몇 년 전까지만 해도 핀란드에서 일요일은 완전히 쉬는 날이어서 문 여는 가게가 없었다. 토요일도 일찍 문을 닫는다. 그래서 예전에는 일요일에 장 보러 간다는 생각 자체를 하지 않았으며, 거리는 조용하고 사람도 거의 없었다. 최근에는 규제 완화로 일요일에도 문 여는 가게가 많아졌고 라이프 스타일도 조금씩 변하고 있다. 그래도 아직은 주말에 집에서 여유롭게 시간을 보내거나 숲

또는 호수, 별장 등에 놀러 가는 전통이 강하게 남아 있다.

시간이 있으면 가족이나 친척, 친구의 집에도 자주 간다. 거리가 가까우면 거의 매주 차 마시러 가고, 설령 가깝지 않더라도 잠깐이나마 소통하려고 노력한다.

일본에서는 장기휴가가 아니면 좀처럼 가지 않는 3~4시간 이상 걸리는 먼 곳도 아무렇지 않게 찾아간다. 물론 크리스마스나 부활절, 여름휴가 등 가족이 모이는 행사도 소중히 여긴다. 그래서 부모와 멀리 떨어져 살고 있더라도 만나는 횟수가 놀랄 만큼 많고, 친밀한 관계를 맺고 있다.

자연에서
계절을 즐긴다

　주말에는 적극적으로 외부 활동을 즐기는 사람도 많다. 숲속 산책, 베리 따기, 버섯 캐기, 낚시, 캠핑 등 사계절 내내 즐길거리가 주변에 넘쳐난다.

　핀란드에는 자연 향유권이라는 관습법이 있다. 토지 소유자에게 손해를 끼치지 않는 이상 누구나 타인의 토지에 출입하거나 자연의 혜택을 누릴 수 있다는 것이다. 그래서 시장이나 슈퍼마켓에서 얼마든지 살 수 있음에도 굳이 버섯을 캐거나 베리를 따러 가는 사람이 많다.

　가까운 숲이나 오솔길에는 계절에 따라 산딸기, 블루베리, 라즈베리, 링곤베리 등 천연 베리가 넘쳐난다. 가을에 비가 내린 뒤에는 버섯이 자란다. 그러나 직접 베리를 따거나 버섯을 캐는 것은 그렇게 간단한 일이 아니다. 특히 블루베리를 따려면 수많은 뱀과 싸울 각오를 해야 하며,

다소 덥더라도 긴 바지를 입는 등 완전무장 하고 숲속으로 들어가야 한다. 또한 직접 따거나 캐기 때문에 베리든 버섯이든 이물질이나 벌레가 섞여 들어가기도 하는데, 이것을 골라내는 것도 귀찮은 작업이다.

그럼에도 사람들이 가는 이유는 자연의 산물을 얻는 기쁨을 느낄 수 있기 때문이다. 마음을 비울 수 있기 때문에 어떤 의미에서는 명상 효과도 있으며, '이만큼이나 땄어!' 같은 성취감도 느낄 수 있다. 그리고 당연한 말이지만 수확한 것을 맛있게 먹을 수 있다.

헬싱키 같은 수도에서는 그다지 들을 수 없지만, 내가 살았던 이위베스퀼레처럼 숲이 가까이 있는 지방도시나 시골에서는 여름철에 베리와 관련된 이야기가 대화에 자주 등장한다. "벌써 베리 따러 갔다 왔어?" "난 세 양동이나 따 왔어" "난 2리터" "○○ 쪽에 굉장히 좋은 장소가 있는데, 자세한 위치는 비밀이야" 같은 이야기를 심심치 않게 들을 수 있다. 특히 "나는 ○○리터를 땄어"와 같은 자랑은 장난이 아니다. 나는 매년 여름 핀란드에 가는데, 블루베리가 풍년인 해에는 만나는 사람마다 내게 자랑을 한다.

또한 사냥을 취미로 삼는 사람이 매우 많다는 것도 핀란드의 특색이다. 핀란드는 세계에서도 손꼽힐 정도로 총기 보유율이 높다. 사냥이 매우 인기 높은 취미이기 때문이다. 총으로 사냥해도 되는 동물의 종류와 수, 시기 등에 관한 규칙이 상세하게 정해져 있으며 총을 다루기 위해서는 허가와 교육을 받아야 하지만, 들새나 엘크 등 다양한 동물의 고기를 얻을 수 있다.

사냥의 즐거움은 무엇보다 동료와 함께 야외를 돌아다니는 것이며, 사냥에 성공하면 성취감도 느낄 수 있다. 지인이 다니는 기업 경영진 중에는 사냥이 취미인 사람이 많아서 골프 대신 사냥으로 파트너 기업과 교류하고 있다고 한다.

돈을 들이지 않고
아웃도어 스포츠를

핀란드는 주변에 풍부한 자연이 있어 그다지 돈을 들이지 않고 아웃도어 스포츠를 즐길 수 있다. 걸어서 혹은 자전거를 타고 조금만 가면 호수나 바다 같은 천연 수영장에서 무료로 수영할 수 있다.

내가 유학했던 이위베스퀼레에도 대학 바로 앞에 호수가 있었다. 날씨가 좋으면 호숫가에는 수영복 차림으로 일광욕하는 사람들로 넘쳐났다. 그리고 더워지면 호수에 몸을 던져 달아오른 몸을 식힌 뒤 그대로 수영복이 마를 때까지 호숫가에서 독서를 즐기거나 낮잠을 잤다. 어린아이들도 부모와 함께 와서 얕은 여울에서 장난감을 가지고 놀거나 튜브를 끼고 물놀이를 했다.

핀란드는 여름에도 수온이 섭씨 20도를 넘지 않으며, 투명도가 낮아서 깊은지 얕은지 잘 알 수 없기 때문에 처음에는 공포심도 있었다. 그러나 더운 여름날 찬물에 들어가 몸을 식히고 호숫가에서 뒹굴며 바람을 느끼는 시간은 말로 표현하기 어려울 만큼 행복했다. 친구들과 여유롭게 이야기를 나누고 가져온 간식을 먹었던 그 시절이 지금도 가끔씩 그리워지고는 한다.

내가 종종 헤엄치러 갔던 호수는 겨울이 되면 꽁꽁 얼어붙었다. 걸어서 건널 수 있을 만큼 얼음이 충분히 두꺼워지면 곳곳에서 사람들이 얼음에 구멍을 뚫고 고기를 낚는 얼음낚시를 했다. 뿐만 아니라 얼음 위에 쌓인 눈을 치우고 표면을 다듬으면 천연 스케이트장이 되었다. 둘레가 4킬로미터나 되는 아이스링크는 시민의 휴식처였다. 아침 또는 하교시간 이후, 주말 등 남녀노소를 가리지 않고 모두가 스케이트 즐기는 모습을 볼 수 있었다.

그리고 핀란드에는 크로스컨트리 스키를 조깅처럼 즐기는 사람이 많다. 내가 살았던 곳에도 숲 쪽으로 걸어서 5분 거리에 전체 길이가 수십 킬로미터나 되는 스키용 트랙이 있었다. 스케이트와 크로스컨트리 스키 용구도 가격이 저렴해서 부담 없이 살 수 있다.

이런 환경 덕에 나와 친분이 있던 한 가족은 1년 내내 주말 중 하루는 반드시 자녀와 함께 스키를 타거나 숲속을 걷거나 카누를 타는 등 아웃도어 스포츠를 즐겼다. 그리고 자녀가 성장한 지금은 주말 중 하루가 아니라 이틀 내내 밖에서 보낸다. 본래 체력이 넘치는 사람들이어서 롤러스케이트로 수십 킬로미터를 달리기도 하고, 겨울철에는 가까운 숲에서 10킬로미터 이상 크로스컨트리 스키를 타기도 하며, 지도와 나침반에 의지해 숲속을 걷는 오리엔티어링을 즐기기도 한다. 겨울에는 눈신을 신고 몇 시간씩 걸을 때도 있다.

가끔은 내게 함께 하자고 권했는데, 나도 체력적으로 힘들지 않으면 최대한 참가했다. 특히 야생 블루베리나 링곤베리, 라즈베리를 따러 가자고 권유받으면 즐거운 마음으로 따라나섰다. 아무리 춥고 날씨가 나빠도 밖에서 몇 시간 동안 활동하고 나면 기분이 개운해졌다. 그리고 기분 좋은 피로를 느끼며 친구 집으로 돌아와 들어가는 사우나는 각별한 즐거움이 있었다.

토요일은
사우나의 날

  핀란드의 단독주택이나 넓은 아파트에는 대체로 사우나
가 있다. 앞에서 이야기한 친구는 야외 활동이나 스포츠
를 즐기는 까닭에 언제라도 곧바로 사우나에 들어갈 수 있
도록 집에 24시간 사우나를 설치했다. 일반적인 사우나는
스위치를 켜면 내부의 온도가 높아지기까지 30분에서 1시
간 정도가 걸리는데, 기다리기 싫은 사람을 위해 언제라도
들어갈 수 있도록 만든 사우나가 있다. 그곳에서 개운하게
땀을 뺄 때마다 나는 주말이라는 것을 실감했다.

  핀란드에서 토요일은 전통적으로 사우나의 날이다. 저녁
이 되면 집에 있는 사우나에 가족이 함께 들어가 느긋하게
텔레비전이나 영화를 본다. 그래서 오래된 집이나 여름 별
장에서는 사우나를 덥히는 연기가 저녁마다 피어오른다.

  '사우나'는 아마도 세계에 가장 널리 보급된 핀란드어일

것이다. 핀란드인의 라이프 스타일이나 문화를 말할 때 절대 잊어서는 안 되는 요소로, 그 수는 200만~300만 개라고 한다. 핀란드 인구가 약 550만 명임을 생각하면 사우나가 생활에서 얼마나 중요한 위치에 있는지 짐작할 수 있다.

욕조는 거의 없는 대신 사우나가 목욕탕처럼 모든 집에 있다. 아파트는 집집마다 욕실에 작은 사우나가 딸려 있는 경우도 있고, 그렇지 않을 경우 대개 지하나 옥상에 공용 사우나가 있다. 내가 유학 생활을 했을 때는 학생 아파트에 공용 사우나가 있었고 연구동과 학부에도 사우나가 있었다. 또한 직장에도 사우나가 있는 경우가 드물지 않다. 직원이 업무를 마친 뒤 즐길 수 있도록 만든 사우나도 있고 고객 접대용도 있다.

고령자 시설이나 교도소에도 사우나가 있으며, 무인도에도 배나 보트를 타고 온 사람이 사용할 수 있는 사우나가 존재한다. 아이스하키 경기장에는 경기를 보며 즐길 수 있는 VIP 관객용 사우나가 있고, 관람차나 케이블카를 개조한 사우나, 얼음으로 만든 사우나, 휴대가 간편한 텐트 사우나, 심지어 사우나가 설치되어 있는 버스나 배까지 있다. 오히려 사우나가 없는 곳을 찾기가 더 어려울 정도다.

사우나에서
환영회를

아마도 핀란드처럼 사우나가 생활 속에 깊숙이 침투한 나라는 없을 것이다. 처음 여행 왔을 때도 가는 곳마다 사우나에 초대받았다. 대학교에 들어가니 유학생 환영회가 사우나에서 열렸고, 학생 아파트에서도 공용 사우나에서 다른 주민과 교류했다. 그래서인지 지금은 핀란드 사우나를 사랑하게 되어서 갈 때마다 절대 빼먹지 않고 즐긴다.

사우나는 본래 몸을 따뜻하게 덥혀서 땀이 흐르도록 하여 몸을 깨끗하게 만드는 곳이다. 일본에서는 목욕탕이 그 역할을 맡고 있지만, 핀란드에서는 보통 샤워만 하고 일주일에 한두 번 사우나를 즐긴다. 핀란드인의 90퍼센트 이상이 정기적으로 사우나에 들어간다고 한다.

또한 크리스마스이브가 되면 사우나에 들어가 몸과 마음을 깨끗이 하는 전통이 있다. 크리스마스만큼이나 중요하게 생각하는 축일인 하지에는 별장이나 시골에 가서 1년 중 가장 긴 햇빛을 충분히 맛보며 사우나에 들어가 피로를 푼다. 밤새 친구나 친척들과 이야기를 나누며 사우나와 술, 수영을 즐기는 사람도 많다.

그뿐만이 아니다. 핀란드에는 결혼식 전날에 신랑과 신부가 사우나에 들어가 몸을 정갈히 하는 풍습이 있었는데, 현재는 결혼식 며칠 전에 열리는 파티에서 사우나를 즐기는 경우가 많다. 특히 신부는 친구들과 함께 사우나에서 피부 관리를 받기도 한다.

기분 좋은
사우나

핀란드에는 별장 문화가 있다. 평소에 사는 집과는 별개로 숲속의 호숫가나 바닷가에 세컨드하우스를 보유하고 주말이나 여름휴가 때 일상생활을 잠시 잊거나 자연을 좀더 가까이 느끼며 편안한 시간을 보낸다. 그리고 별장에는 당연히 사우나가 있다. 애초에 별장을 지을 때 사우나 오두막부터 만든다는 이야기가 있을 정도다.

요즘 집 사우나는 전기로 내부를 덥히는 방식이지만, 별장이나 시골에 있는 전통적인 사우나는 장작을 때서 내부를 덥힌다. 핀란드인 중에는 "장작으로 덥힌 사우나의 공기가 더 포근하다"라고 말하는 사람이 많다. 그리고 사우나 난로 위의 뜨거워진 돌에 물을 끼얹는다. 그러면 '촤'하는 소리와 함께 뜨거운 증기가 맹렬하게 피어오르며 사우나 안을 덥힌다. '로일리'라고 부르는 이 증기는 사우나의 대명사이기도 하다. 그래서 핀란드에서는 "사우나 잘해!"라는 의미로 "휘바(좋은) 로일랴"라고 하고, 사우나에서 나온 사람에게는 "로일리는 어땠어?" 하고 물어본다. 이때 "로일리 좋았어"라고 말한다면 기분 좋은 사우나였다는 의미가 된다.

핀란드 사우나의 매력은 사우나실의 나무 향기에 비히타(자작나무의 어린 가지를 묶은 다발)의 상쾌한 아로마 향기, 그리고 로일리와 외기욕(外氣浴)일 것이다. 별장이나 시골의 사우나에서는 몸이 뜨거워져 땀을 흘리면 밖으로 나와 호수나 바다에 뛰어든다.

여름에도 간혹 섭씨 15도를 밑돌 만큼 차가운 물속에 들어가 몸을 식히면 기분이 개운해진다. 알몸으로 천천히 헤엄을 치면 마치 자연의 일부가 된 것 같은 행복한 기분이 된다. 물속에 들어가지 않고 숲이나 자연, 하늘을 바라보며 바람을 쐬는 것도 좋다.

도심지의 사우나에서는 그럴 수가 없기 때문에 발코니로 나가거나 차가운 물로 샤워를 하는 정도에 그치지만, 뜨거운 사우나 후에는 외기욕 혹은 찬물로 몸을 식히는 것이 본래의 방식이다. 그리고 몸이 충분히 식으면 다시 사우나에 들어간다.

겨울에는 어떻게 할까? 심장이 멎을 것 같이 차가운 눈 위에 누워 손발을 파닥파닥 움직이면 스노앤젤(Snow Angel. 눈의 천사)이 생긴다. 눈 위에서 뒹구는 것도 즐겁다.

여기에 아반토(Avanto)도 있다. 얼어붙은 호수나 바다의 얼음을 깨고 물속에 들어가는 것인데, 외국인이 이것을 하면 핀란드 사람들은 "용감하다"며 경의를 표한다. 나는 지금까지 아반토를 4~5회 정도 경험했다. 핀란드 친구들이 자꾸 "핀란드에서 겨울에 사우나에 들어갔다면 한 번쯤은 아반토를 경험해봐야지!"라고 권하기에 당연히 해야 하는 것으로 생각했는데, 알고 보니 핀란드인 중에도 경험해본 적 없는 사람이 많았다. '춥다' '차갑다' 같은 이유에서였다. 자신들도 하지 않는 것을 남한테 권하다니……

혼자 해도 즐겁고
같이 해도 즐겁다

사우나에는 혼자 들어가도 좋고, 다른 사람과 함께 들어
가도 좋다. 혼자일 때는 조용히 즐길 수 있고, 누군가와 함
께일 때는 이야기를 나누며 교류할 수 있다.

"사우나는 모르는 사람과도 부담 없이 이야기를 나눌
수 있는 유일한 곳이다"라는 어느 핀란드인의 말처럼 사
우나에서는 자연스럽게 대화가 시작된다. 돌에 물을 끼얹
을 때 "물을 끼얹어도 될까요?" "너무 덥지는 않나요?"라
고 물어보기도 하고, 외기욕을 하면서 "날씨가 참 좋네요"
라고 말을 걸기도 한다. 친구와 들어갔을 때도 사우나 안에
있는 시간은 고작해야 5분 정도지만 외기욕과 사우나를
반복하다 보면 1~2시간은 순식간에 지나간다.

그렇다면 핀란드인에게 사우나는 어떤 장소일까? 최근
개봉된 핀란드 영화를 보면 사우나 장면이 자연스럽게 흘

러나온다. 전쟁터에서 돌아와 가족과 평온한 한때를 보내는 장면에서 사우나에 들어간다든가, 전쟁 중에도 모두가 사우나에 들어갔다가 호수에서 헤엄을 치는 등 일상적인 묘사에 사우나가 빠지지 않는다. 비일상적인 상황이나 내용에도 사우나나 외기욕 장면을 넣기도 하는데, 관객에게 편안함을 주기 위한 장치로 느껴진다.

집에 있는 사우나는 휴식 장소인 동시에 가족과 대화를 즐기는 곳이기도 하다. 가족은 남녀 상관없이 알몸으로 함께 들어가는 경우도 많다. 또한 집에서 아이를 낳았던 시절에는 사우나에서 출산했다. 물론 이때는 섭씨 80도로 사우나 안을 덥히지는 않는다. 사우나는 청결하고 찬물과 더운물을 곧바로 쓸 수 있으며 따뜻하기 때문에 아이 낳기에 적합한 곳이었다.

같은 이유로 사우나에서 마사지를 받거나 사람이 죽었을 때 시신을 깨끗이 닦기도 했다. 다시 말해 인생이라는 여로의 시작과 끝을 사우나가 함께했던 것이다. 또한 맥아를 제조하거나 곡물을 건조시키는 용도로도 사용되었다. 지금도 옷을 사우나 안에 놓아서 증기를 쐬게 한 뒤 말리는 등 폭넓게 이용하고 있다.

옷과 지위를
모두 벗어던지고

핀란드에는 왜 회사나 학교에도 사우나가 있을까? 첫 번째 이유는 일이 끝난 뒤에 피로를 풀 수 있기 때문이다. 내가 일하는 직장에도 사우나가 있는데, 희망하는 사원들이 있으면 업무가 끝난 뒤에 들어갈 수 있도록 사우나를 덥혀 놓는다.

또한 동료와의 교류나 접대를 위한 장소로서의 역할도 한다. 가령 대사관의 경우 대사 전용의 넓은 사우나가 있는데, 이곳은 접대 장소로도 사용된다. 정기적으로 인플루언서나 신세를 지고 있는 사람 10명 정도를 초대해 저녁 사우나 모임을 개최하는 것이다. 사우나와 외기욕을 즐기고, 식사하고, 술을 마시면서 몇 시간을 함께 보내면 서로의 거리가 크게 가까워져 사이가 좋아질 뿐만 아니라 핀란드의 팬으로 만들 수도 있다. 이 사우나 외교는 미국의 워

싱턴이나 각국 대사관에서도 실시되고 있으며, 핀란드에
서는 자국과 외국의 지도자가 함께 사우나에 들어가 정치
나 외교 등의 이야기를 나누며 교류한다.

예전에 다녔던 핀란드 기업에서도 사우나는 항상 중요
한 접대 도구로 사용되었다. 회사 옥상에 훌륭한 사우나가
있어서 외국에서 고객이 찾아오면 회의 후에 함께 들어가
알몸으로 대화하고 식사와 술을 즐겼다. 중요한 고객이 왔
을 때 시간 여유가 있다면 회사가 소유한 호화로운 별장의
사우나에 데려가기도 했다. 이 별장은 배로 30분 정도 거
리에 있었다. 버스로도 갈 수는 있지만 배 위에서 가볍게
술을 마시면서 음악과 경치를 즐기고, 별장에 도착하면 사
우나에 들어갔다. 그 사우나는 20명에 가까운 인원이 들
어갈 수 있는 거대한 크기였으며, 몸이 뜨거워져서 밖으로
나가면 넓은 테라스가 있고 바로 앞에 호수가 펼쳐져 있어
서 기분 좋게 사우나를 즐길 수 있는 곳이었다.

최근 핀란드에서 연수를 받을 때도 '겟 투게더'라고 부
르는 첫날의 친목회는 헬싱키에서 인기 있는 공중 사우나
인 '로일리'에서 열렸다. 수영복을 입고 남녀가 함께 들어
가는 곳인데, 사우나에서 함께 대화를 나누고 아반토를 즐

기자 긴장감과 거리감이 사라졌다.

잘 알지 못하는 사람과 알몸 상태로 교류하는 것이 조금 이상하다는 생각도 들지만, 처음에 잠시일 뿐이다. 어둡고 증기로 가득한 사우나 안에서는 상대의 알몸이 잘 보이지도 않을 뿐더러 이성이 있거나 자신의 알몸을 드러내기 싫은 경우 수영복을 입거나 수건을 두른다.

사우나에는 이상한 마법이 있다. 그곳에서는 모두가 옷뿐만 아니라 지위와 직함까지 전부 벗어던진다. 그래서 대통령이든 일반인이든 고령자든 어린아이든 모두가 한 사람, 개인으로 존재한다. 다시 말해 평등한 위치에서 그 공간을 함께 즐기는 것이다.

한 달의
여름휴가

7월에 핀란드 사람에게 이메일을 보내면 "Out of Office. 8월 ○○일까지 여름휴가입니다"라는 자동 답신이 돌아온다. 게다가 사무실에 돌아오는 시기는 한 달 이상 후인 경우도 있다. 핀란드인의 라이프 스타일을 알고 있다면 딱히 놀랄 일도 아닐뿐더러 애당초 7월에 이메일을 보낼 생각조차 하지 않지만, 핀란드인을 접해본 적 없는 사람이라면 충격받을 것이다.

핀란드인은 평소에도 야근을 최대한 피하면서 일할 때는 열심히 일하고 놀 때는 열심히 노는데, 이런 문화는 유급휴가나 여름휴가를 신청할 때도 엿보인다. 모두 '생산성 향상을 위해서도 휴식은 필요하다'는 인식을 갖고 있으며, 유급휴가를 모두 사용하는 것은 사원의 권리라고 단언한다. 충분히 쉬어서 몸과 마음을 재충전해야 이후에 집중해서 일할 수 있다. 열심히 일한 다음 쉰다기보다는 충분히 쉰 다음 열심히 일한다는 생각일지도 모른다.

여름휴가는 6월부터 8월 말 사이에 잡는 것이 보통이며, 7월은 여름휴가 성수기다. 본래 농업이 중심 산업이었던 핀란드에서는 겨울에 필요한 대량의 건초를 7월에 준비할 필요가 있었다. 그리고 건초 만들기는 상당한 노동력이 필요한 일이기에 과거에는 가족은 물론이고 친척까지 총동원되었다. 도시로 떠났거나 공장 등에서 일하던 사람도 장기간의 휴가를 얻어서 건초 만드는 일을 도왔다. 그런 전통에서 7월 여름휴가가 정착되었다고 한다. 게다가 7월은 1년 중 가장 일조시간이 길고 기온도 높다. 어둡고 추운 겨울이 길게 이어지는 핀란드에서는 휴가를 즐기기에 그야말로 최적의 시기이다.

1년을 11개월이라고
생각한다

최근에는 라이프 스타일이 변화하기도 했고 여름에도 일을 완전히 쉬는 것이 아니라 경제 활동을 유지하기 위해 여름휴가를 7월에 집중적으로 신청하지 않고 분산해서 신청하고 있다. 6월부터 8월 말 사이에 4주, 사람에 따라서는 그 이상의 유급휴가를 받는다. 내 주위에는 육아휴가를 합쳐서 2~3개월을 쉬었다는 남성도 여럿 있다.

아무래도 거래처나 동료는 곤란할 수밖에 없지만, 처음부터 '여름에는 아무것도 진행되지 않는다. 중요한 일을 결정해서는 안 된다. 연락되지 않는 것이 당연하다'고 여기면 어떻게든 넘어가게 되는 법이다. 중요한 미팅이나 결정은 6월 전에 하고, 1년은 12개월이 아니라 11개월이라고 생각하면 된다.

또한 평소에 업무 연락을 주고받는 관계라면 6월경부터

"저는 ××부터 ××까지 여름휴가이니 긴급한 용건이 있을 때는 동료 ○○에게 연락해주십시오"라는 연락이 오기 때문에 그다지 문제가 되지 않는다. 재미있는 사실은 이때 긴급한 용건이 있으면 자신의 휴대전화로 전화하라고 말하는 사람이 거의 없다는 것이다. 어디에 있든 휴대전화로 연락이 가능한 시대가 되었지만 휴가는 휴가이니 방해하지 말라는 무언의 메시지인 것이다.

여름 동안 많은 기업에서는 필요 최소한의 업무를 처리하기 위해 사원이 교대로 휴가를 간다. 작은 기업이나 가게, 레스토랑, 서비스업 등은 아예 3~4주 동안 문을 닫고 일제히 여름휴가에 들어가기도 한다. 레스토랑 출입문에 붙어 있는 휴업 안내문을 본 일본인 지인은 "아니, 대목인 여름에 영업을 안 하고 쉬면 대체 돈은 언제 벌겠다는 거야? 도저히 이해가 안 되네!"라고 화를 냈지만, 사원이나 종업원이 쉴 권리를 침해할 수는 없다. 핀란드에서는 야근과 장기휴가를 포함한 노동자의 권리가 강하게 보호받고 있으며, 경영자 역시 그것을 엄수해야 한다. 그래서 핀란드에 진출한 일본 기업이나 일본인 경영자는 종종 당혹감을 느끼기도 한다.

마음 편히 휴가를
떠나기 위해

　핀란드 사람들은 여름휴가 기간에 최소한의 업무만 처리하면서 최대한 마음 편히 쉴 수 있도록 미리 준비한다. 이를테면 최대한 교대로 여름휴가를 보내고, 휴가 계획을 일찌감치 짜는 식이다. 될 수 있으면 7월에 휴가를 받고 싶어 하는 사람이 많기 때문에 주위의 휴가 계획을 살펴보거나 상사 또는 동료와 교섭하면서 일찌감치 계획을 세워나간다. 그래서 여름휴가 반년 전에 휴가 희망 일정을 제출해야 하며, 크리스마스나 새해에는 "해피 뉴 이어!" 같은 인사 후 곧바로 "여름휴가 예정을 제출해주세요"라는 요청이 날아온다.

　자녀가 있을 경우는 가족들과 휴가 계획을 반드시 조율해야 한다. 대부분의 학교가 6월 초부터 8월 중순까지 방학에 들어가기 때문에 부모가 번갈아 한 달씩 쉬더라도 자녀의 방학 기간을 전부 커버하지 못한다. 그렇다고 어린 자녀를 혼자 집에 둘 수는 없으므로 조부모 집에 맡기거나 캠프에 보내거나 친구 혹은 이웃에게 부탁할 필요가 있다.

핀란드는 상하관계가 딱히 없지만 그래도 상사에게 우선권이 있다. 그래서 아직 가족이 없는 젊은 사람이나 근속 연수가 짧은 사람이 조금 불이익을 당할 때도 있다. 조사에 따르면 30세 이하의 직장인 가운데 약 절반 정도가 4주의 여름휴가를 몰아서 쉬지 못했다고 답했다. 한편 모든 직장인 중 4주의 여름휴가를 몰아서 쉬지 못한 사람의 비율은 27퍼센트였다. 연간 유급휴가는 100퍼센트 받지만 4주 연속 휴가는 받지 못하는 사람도 있는 것이 현실이다.

핀란드의 법률에 따르면 여름휴가는 근무일 기준 12일 이상을 연속해서 줘야 한다. 다만 소기업이나 수익이 좋지 않은 기업일수록 휴가를 몰아서 받기가 어려우며, 경영자나 재무 관련 직종도 휴가를 몰아서 받기가 조금 어려운 듯하다.

그러나 한편으로 내 주위에는 4주에 야근시간을 더해 도합 6주의 휴가를 받은 친구, 연간 유급휴가를 전부 사용해서 여름이 아닌 11월에 5주 동안 외국여행을 간 친구, 나아가 유급휴가로는 부족해서 무급휴가까지 며칠 추가한 친구도 있다.

전부 상사에게 희망하는 휴가 일정을 말하고 이해를 구해서 실현한 것이다. 이처럼 핀란드에는 자신의 의견을 회사나 상사에게 부담 없이 말할 수 있으며, 그 요청에 유연하게 대응해주는 기업 문화가 있다. 그리고 상사의 위치에 있는 한 친구는 이에 대해 "그것이 사원의 의욕 상승으로 이어진다"고 말했다.

여름휴가 시즌의
MVP

휴가 기간 동안 자신을 대신할 담당자를 명확히 지명해 놓는 것도 중요하다. 그 사람에게 긴급 대응책이나 처리해 줬으면 하는 최소한의 범위를 알려주는데, 대학생들이 대리 담당자로서 여름철에 큰 활약을 한다.

기업은 6월부터 약 3개월 동안 대학생이나 갓 졸업해 아직 정규직이 되지 못한 사람을 인턴으로 적극 고용한다. 청년들에게는 업무 경험을 쌓을 수 있는 좋은 기회이다. 대졸 신입 사원 채용제도가 없는 핀란드에서는 취업할 때 대학생도 베테랑과 같은 무대에서 경쟁할 것을 강요받는다. 곧 졸업을 앞둔 우수한 학생도 아무런 사회 경험이 없다면 즉시 전력이 되지 못한다. 아무리 젊고 의욕이 넘친다 해도 조금이나마 사회 경험을 쌓아놓는 편이 취직에 유리한 것이다.

그래도 여름 3개월 동안은 기업도 젊은이에게 기회를 준다는 의미에서 적극적으로 미경험자를 고용한다. 학생으로서는 여름에 일하면 이력서에 쓸 내용이 많아질 뿐만 아니라 당연히 어느 정도의 돈도 벌 수 있다. 게다가 자신이 무슨 일을 하고 싶은지, 어떤 기업에서 일하고 싶은지 생각할 계기도 되며, 장래에 도움이 되는 인간관계를 만들 가능성도 있다. 만약 학생과 기업이 서로 마음에 들고 빈 자리가 있다면 이후 취직 기회도 생긴다.

그래서 대학생들은 새해가 시작될 무렵부터 여름 인턴십의 가능성을 모색하며 인터넷을 검색하거나 마음에 두고 있는 기업에 문의하거나 온갖 연줄을 동원해 인턴으로 들어갈 수 있는 기업을 물색한다. 사람에 따라서는 수십 개 회사에 응모해 간신히 채용되는 경우도 있고, 열심히 응모했지만 결국 채용되지 못하는 경우도 있다.

내가 유학했을 당시도 봄이 되면 여름에 일할 기업을 찾느라 신경이 날카로워진 친구가 많았다. 모두가 일제히 취업 활동을 하지는 않지만, 매년 여름이 되면 일자리를 물색하는 학생이 늘어난다.

최근에는 어학을 갈고닦거나 다른 문화를 경험할 좋은

기회로서 여름철에 외국 기업이나 조직에서 일하는 사람
도 적지 않다. 모두가 자신의 전문 분야나 동경하는 일자
리를 구할 수 있는 것은 아니지만, 아무것도 하지 않고 긴
여름방학을 보내기 싫거나 돈을 벌고 싶은 사람은 슈퍼마
켓 점원, 공장 단순 작업, 카페나 청소 등 다양한 일자리에
도 응모한다.

기업에도 긍정적인
인턴십

　대학생이 과연 정사원의 업무를 처리해낼 수 있을까? 핀란드의 인턴십은 실무를 담당할 때가 많기 때문에 아르바이트와 비슷하다. 물론 돈을 직접 만지거나 중대한 결단이 필요한 일은 하기 어렵지만, 며칠 정도 배우면 어느 정도의 반복 작업이나 사무 작업은 해낼 수 있게 된다.

　또한 젊은 사람들은 컴퓨터나 태블릿을 잘 활용하고 새로운 테크놀로지에 금방 적응하기 때문에 일이 빠르다. 게다가 의욕이 넘치며 새로운 시각과 유연한 발상을 지니고 있어 좋은 아이디어를 생각해내기도 한다. 그리고 다른 사원이나 직원에게 좋은 자극이 된다.

　지금까지 여러 인턴을 지켜보면서 느낀 점은 그들이 기업에 결코 짐 덩어리이기만 한 것은 아니며 오히려 긍정적으로 작용할 때도 많다는 것이다. 물론 그러려면 명확한 지시와 도움이 필요하다.

신문사나 방송국 같은 미디어에서도 여름에는 수많은 대학생이 활약한다. 내가 대학생이었을 때는 같은 학부에 저널리즘 코스가 있었기 때문에 미디어 관련 직업을 지망하는 학생이 많았다. 전국의 신문사와 텔레비전 방송국, 라디오 방송국 등에 이력서를 보내고, 채용되면 다른 프로 기자와 똑같은 업무를 처리한다. 실제로 취재하거나 기사를 쓰거나 편집한다. 한 미디어의 편집장은 "일도 빠르고 동영상 촬영이나 편집 기술도 뛰어나서 오히려 정사원보다 훨씬 일을 잘하더군"이라고 이야기했다.

관청이나 NGO(비정부기구) 같은 곳에서는 여름뿐만 아니라 1년 내내 인턴십을 모집하기도 한다. 반년 또는 1년 등 장기간일 때도 있으며, 한 명의 사원으로서 보고서를 작성하고 조사를 하는 등 다양한 업무를 맡는다. 인턴을 받아들이는 쪽에서는 다음에는 어떤 인재가 올지 매번 큰 기대를 품는다.

여담이지만, 최근 핀란드에서는 인턴이나 정사원을 모집할 때 동영상을 활용한 이력서나 자기 PR 방식이 인기를 끌고 있다. 30초에서 1분 동안 간결하게 자신을 프레젠테이션 한다. 휴대전화로 촬영한 간단한 동영상으로 충분하지만 강한 인상을 남기는 것이 중요하다.

특히 젊은 사람들이 경쟁적으로 응모하는 여름 인턴십의 경우, 이제 서류만 제출해서는 면접까지 가기 어렵다는 말이 나올 만큼 동영상 활용이 보급되었다. 기업으로서도 대량의 응모자 중에서 마음에 드는 인재를 선택할 때 동영상이 더 도움이 된다고 한다.

4주의 휴가를
신청하는 이유

··

  예전에 핀란드 동료가 4주의 휴가를 신청하는 이유를
이렇게 말했다. 첫째 주에는 아직 머릿속에서 일이 완전히
분리되지 않아서 자꾸 일 생각을 하게 된다. 그러나 둘째
주와 셋째 주에는 휴가를 즐길 수 있고, 넷째 주가 되면 슬
슬 직장으로 돌아가고 싶어진다. 그렇기 때문에 휴가 이후
의 업무에 대한 의욕이나 심신의 건강, 웰빙의 관점에서도
장기휴가가 필요하다는 것이다.

  그리고 장기휴가 전에는 주위에서 "업무도 패스워드도
다 잊어버리고, 휴대전화도 꺼놓도록 해. 이메일도 보지
말고"라고 말해주는 경우가 많다. 누군가 한 사람만이 장
기휴가를 받는다면 주위 사람들이 불만을 느낄 수도 있고
본인도 마음이 편치 않을지 모르지만, 모두가 똑같이 휴가
를 받기 때문에 진심으로 휴가 잘 보내고 오라고 말할 수

있는 것이다.

물론 거래처는 다소 불편을 느낄 수 있지만, 여름휴가 기간이고 자신들도 쉬기 때문에 관대해질 수 있다. 그런데 인터넷과 휴대전화가 이렇게 널리 보급된 시대에 과연 정말로 휴가 기간 동안 일에서 벗어날 수 있을까?

핀란드의 한 뉴스 사이트에서 조사한 바에 따르면, 사실은 여름휴가 중에도 하루에 한 번은 뉴스를 읽듯 이메일을 들여다보는 사람이 38퍼센트에 이르며 그중 34퍼센트는 답신도 보낸다고 한다. 다만 주위 사람들을 배려해서 가족이 곁에 없을 때 이메일을 확인한다고 대답한 사람이 많았다.

휴가 때는 육체적으로나 정신적으로나 완전히 일에서 해방되어 피로를 푸는 편이 당연히 더 좋다. 핀란드 국립노동연구소의 연구자인 키르시 아홀라는 인터뷰에서 "웰빙의 관점에서 휴식의 중요한 목적은 업무로 쌓인 피로를 회복하는 것이다. 휴식 중에 이메일을 읽으면 피로를 제대로 회복하지 못할 가능성도 있다"고 말했다. 물론 한 달 뒤 회사로 돌아갔을 때 쌓여 있는 수백 통의 이메일을 읽는 것보다 조금씩 읽어놓음으로써 그 수를 줄이는 게 낫다는 생각도 이해되지 않는 것은 아니다.

휴가 때
일하지 않으려면

휴가 때 이메일을 읽거나 일을 하지 않기 위해서는 어떻게 해야 할까? 앞에서 이야기했듯이 휴가 중에 자신의 업무를 대신 처리해줄 인턴이나 팀 동료를 정해놓아야 한다. 그러면 그 사람이 대신 이메일을 읽고 답신을 보내주므로 마음 편하게 휴가를 즐길 수 있다. 또한 "Out of Office(사무실에 없습니다)"라는 자동 답신에 대리 담당자의 이름을 적어놓으면 상대도 당황하지 않을 것이다.

그리고 긴급할 때 연락할 방법을 정해놓는 것도 중요하다. 자신의 업무를 대신 처리해주는 사람이나 동료가 꼭 연락해야 할 때 휴대전화로 전화를 걸어도 되는지, 메신저 앱으로 메시지를 보내는 편이 좋은지 같은 것들을 정한다. 물론 휴가 중에 업무 전화가 오면 얼마나 짜증이 나는지 모두가 알고 있으므로 가급적이면 피하고 싶어 하지만, 스피드가 생명인 오늘날에는 휴가가 끝날 때까지 내버려둘 수 없는 안건이 갑자기 생길 때도 있다.

상사 중 한 명은 "이메일은 절대 보지 않으니까, 꼭 연락해야 할 때는 메신저로 메시지를 보내도록"이라고 말한다. 이렇게 확실하게 말해주면 사무실에 남아서 일하는 사람들에게는 큰 도움이 된다. 처음부터 이메일은 보지 않는다고 선언해놓으면 당사자도 주위도 편해진다. 이런 식으로 규칙을 정해놓으면 경영진이나 관리직도 어느 정도 걱정을 덜 수 있으며, 지금까지 이메일을 읽느라 발생했던 시간 낭비를 없앨 수 있다.

별장에서
디지털 디톡스

························

장기간의 휴가에 익숙하지 않은 사람은 그렇게 오래 쉬면서 할 일이 뭐가 있느냐고 이상하게 생각할지도 모른다.

물론 시간이 많다 보니 국내외로 여유 있게 여행하는 사람도 많다. 그러나 핀란드에서 여름휴가라고 하면 역시 별장을 빼놓을 수 없다. 인구가 약 550만 명인 핀란드에는 50만 채나 되는 별장이 있는 것으로 알려져 있다. 친척에게 양도받기도 하고 자신이 직접 짓기도 하는데, 대체로 형제나 친척과 공동으로 사용하는 경우가 많다.

별장에서 사우나를 즐기고, 자연을 만끽하거나 조용한 한때를 보낸다. 별장 중에는 일반적인 집처럼 전기와 수도가 연결되어 있는 곳도 있지만, 그런 설비가 일체 없는 곳도 적지 않다. 친구 중 한 명은 "편리한 시설이 다 갖춰져 있는 별장은 별장이 아니야. 역시 자연의 빛을 조명으로 삼고 근처에서 물을 길어 와서 장작이나 숯으로 요리해야 진정한 별장 생활이라고 할 수 있지"라는 말을 종종 했다. 물론 텔레비전도 없기 때문에 문자 그대로 디지털 디톡스 (해독)를 하게 된다.

게다가 화장실은 전통적인 야외 재래식이다. 샤워 시설도 없어서 호수에서 길어 온 물을 장작 사우나 난로 옆 탱크에 담아 뜨겁게 데운 다음 찬물과 섞어서 몸을 씻는다.

모든 것이 갖춰져 있는 생활이나 디지털화된 생활에 익숙해져 있으면 이런 별장 생활이 불편하게 느껴질 수 있다. 하지만 1~2주 정도 바쁘고 시끌벅적한 일상에서 벗어나면 몸과 마음이 재충전된다. 독서를 하고, 낚시를 하고, 근처를 산책하는 등 일정이나 시간에 쫓기지 않는, 아무것도 하지 않는 시간을 즐기는 것이다.

DIY나 공부, 가족 행사를 즐기는 사람도

호수나 바다가 가까운 핀란드에는 보트나 요트를 소유한 사람도 많다. 친구의 부모님은 매년 여름휴가 중 10일 정도를 요트에서 보낸다. 크고 작은 섬들을 돌아다니고, 요트에서 잠을 잔다.

동료와 캠핑을 하거나 핀란드에서 개최되는 음악·아트 페스티벌을 즐기러 가는 사람도 많다. 그리고 여름에는 결혼식이나 견신례(15세가 되었을 때 다시 받는 세례. 핀란드에서는 성인식과 같은 의미가 강하다) 등 가족·친척이 참가하는 행사도 다수 있어서 그런 행사에 참가하기 위해 핀란드 전역을 이동한다.

여기에 DIY가 활성화된 핀란드에서는 해가 길고 시간적으로 여유가 있는 여름휴가 때 리노베이션을 하는 사람이 많다. 화장실이나 욕실, 벽의 페인트칠 등 평소에 할 수 없었던 일을 이때 가족이 총출동해서 하는 것이다. 물론 정원 일이나 밭일 등 눈이 없는 따뜻한 시기에만 할 수 있는 일도 많다.

여름휴가를 이용해 공부를 하는 사람도 있다. 대학교 및 고등학교 등에서는 공개강좌가 다수 개최되고 있으며, 어학에 관심이 있는 사람은 외국으로 어학연수를 가기도 한다. 또한 핀란드에는 회사에 다니면서 대학교에 다니거나 업무 관련 강좌를 들으러 다니는 사람이 많기 때문에 이 시기에 논문을 작성하거나 강의를 듣기도 한다.

여름휴가 때 무엇을 할지는 각자의 자유다. 아무것도 하지 않고 느긋하게 시간을 보내는 사람도 있고, 계획을 빽빽하게 세우고 바쁘게 활동하는 사람도 있다. 그러나 어느 쪽이든 4주 혹은 6주 동안의 휴가가 "너무 길었다" "너무 심심했다"라고 말하는 사람은 본 적이 없다. 어렸을 때부터 2개월 반의 여름방학을 경험했기에 어떤 의미에서는 여름휴가가 긴 것을 당연시하는 부분도 있다. 반대로 "끝나고 나니 순식간이었다" "좀 더 휴가가 길었으면 좋았겠다"고 말하는 사람은 본 적이 있다.

휴가가 끝나면
힘차게 일한다

....

긴 휴가가 끝나면 일이 손에 안 잡히는 건 아닌지 걱정하는 사람도 있을지 모른다. 그러나 대체로 1~2일이면 예전으로 돌아간다. 그리고 몸과 마음 모두 재충전을 마친 핀란드인은 놀라운 집중력을 발휘하며 척척 업무를 처리해나간다. 그런 모습을 보고 있으면 역시 장기휴가는 필요하다는 생각이 든다.

한편 핀란드인 중에는 여름휴가 때 뭔가를 해야 한다는 강박관념에 시달린다든가, 가족 또는 친척과 보내는 시간이 늘어남에 따라 발생하는 스트레스에 고통받는 사람도 있다. 그래서 여름휴가철이 다가오면 잡지 등에 「이렇게 하면 즐겁게 휴가를 보낼 수 있다!」 같은 특집 기사가 실린다.

그렇다면 어떻게 해야 휴가를 잘 보낼 수 있을까? 핀란드 노동위생연구소의 연구자는 먼저 일상생활로 피로해진 몸과 마음을 회복시키는 것이 중요하며, 이를 위해서는 휴가 중에 평소와는 다른 행동을 하는 것이 효과적이라고 말한다. 요컨대 두뇌를 업무 모드에서 전환시키는 것이 중요하다는 말이다. 가령 휴가 초기에 여행하면 이러한 전환을 원활히 할 수 있다. 그리고 전환이 잘되지 않을 때는 다른 형태로 일상의 루틴을 바꾸는 것도 방법이다. 그런 의미에서, 핀란드인이 여행을 가거나 별장에서 여유로운 시간을 보내는 것은 매우 효과적인 방법이라고 할 수 있다.

사람은 누구나
휴식이 필요하다

전문가가 추천하는 효율적으로 휴가를 보내는 방법을 소
개한다.

1. 환경을 바꾸고, 일 생각보다 다른 생각을 한다.

   환경을 바꾸면 일을 잊기 쉬워진다. 직장에서 멀어지고
   동료와 만나지 않는 것도 중요하다. 환경을 바꿀 수 없을
   때는 그 외에 즐겁고 재미있게 집중할 수 있는 일을 찾는
   다. 업무에 대한 생각을 완전히 지워버릴 수는 없더라도
   머릿속 한구석으로 치워버리기는 비교적 쉽다.

2. 휴가 모드로 기분을 전환할 수 있는 상대를 찾는다.

   다른 사람의 웃는 얼굴을 보면 자연스레 입꼬리가 따라
   올라간다. 이것이 거울 효과다. 그런 상대가 곁에 있으면
   자연스럽게 마음이 편해지고 즐거워진다.

3. 휴가 초기에 너무 열심히 움직이지 않는다.

   꼭 해야 하는 일, 예정한 일을 하려고 너무 열심히 움직이

   기보다 휴식과 회복을 중요시한다.

4. 적어도 일주일은 디지털 디톡스를 한다.

   최소 일주일은 모든 디지털 기기를 멀리한다.

5. 휴대전화나 태블릿과 거리를 둔다.

   휴대전화와 태블릿의 전원을 끄고 가족에게 맡기거나 서

   랍에 넣고 잠금으로써 의존 상태에서 벗어난다. 시야에

   들어오지 않게만 해도 효과가 있다.

6. 즐거운 순간을 사진 등으로 보존한다.

7. 적당한 운동을 한다.

8. 자신에게 포상을 주면서 규칙적인 생활을 한다.

9. 짧은 기간이라도 적극적으로 휴가를 누린다.

   이를테면 거리로 나가 사람을 관찰하거나 관광객을 구경

   한다. 즐거운 휴가를 보냈던 과거의 추억을 떠올린다.

10. 휴가와 활동의 균형을 찾아낸다.

   휴가를 즐기는 것과 일상의 개선, 양쪽에서 모두 즐거움

   을 발견하는 것이 좋다.

어떤 식으로 휴가를 보내든 몸과 마음 모두 확실히 쉼으로써 피로를 풀고 재충전하면 다시 열심히 일할 수 있고 효율을 높일 수 있다. 그렇기에 휴가는 연령이나 성별, 가족의 유무와 상관없이 모든 사람에게 필요하다.

핀란드에 있으면 휴가를 받는 것 그리고 효율적으로 휴가를 보내서 일상의 피로나 스트레스를 해소하는 것의 중요성을 느끼게 된다. 이를 위해서는 직장이나 상사의 이해와 유연한 대응도 요구되는데, 핀란드에서는 '인간은 누구나 휴식이 필요하다'라는 사실을 모두가 이해하고 있기에 마음이 편하다.

제5장

심플한 사고방식과
의지가 만드는 시너지

휘게는 저물고
시수가 떠오른다

2017년 1월, 세계에서 가장 오래된 일간신문인 『영국 타임스』에 실린 기사의 제목이 핀란드인을 깜짝 놀라게 했다. 그 제목은 「굿바이 휘게, 헬로 시수 : 북유럽의 새로운 트렌드」였다.

휘게(Hygge)는 본래 편안한 시간 또는 공간을 의미하는 덴마크어이다. 행복도 순위 최상위권을 자랑하는 덴마크나 북유럽의 라이프 스타일을 대변하는 키워드로 2016년경부터 서양에서 유행어가 되었다. 휘게는 시간이나 공간에서 만들어지는 행복감 또는 충실감을 추구하며, 국내에서도 휘게에 관한 책이 여러 권 출판되었다.

그런데 이 기사에서는 이제 휘게는 저물어가는 트렌드이며 앞으로의 트렌드는 시수(Sisu)라고 말한 것이다. 핀란드어인 시수는 어려움을 견뎌내는 힘, 포기하지 않고 노력해

성취해내는 힘, 불굴의 정신, 근성 같은 의미를 지니고 있다. 휘게처럼 행복감으로 가득한 말과는 전혀 다른, 엄숙함이 느껴지는 말이기도 하다.

기사에서는 "시수는 올해 가져야 할 정신이며, 이미 상당히 가까워진 말"이라고 표현했다. EU 탈퇴 등 정치적으로도 어려운 국면을 맞고 있던 당시 영국에 필요한 정신으로 받아들여졌던 모양이다.

핀란드인은 시수를 다른 나라의 말로 번역하기가 어려운, 핀란드의 국민성을 대변하는 키워드라고 여기는 듯했다. 설마 그 말을 외국 사람들이 트렌드 키워드로 소개하리라고는 꿈에도 생각하지 못했기에 깜짝 놀랐던 것이리라.

BBC와 CNN도
소개했다

시수는 다양한 해외 미디어에 소개되었다.

영국의 온라인 신문인 『인디펜던트』는 2018년 2월에 「휘게는 잊고 시수를 준비하자. 최신 북유럽 트렌드를 맞이할 준비가 됐는가?」라는 제목으로 시수에 관한 특별 기사를 냈다. 또한 BBC도 2018년 5월에 「시수 : 내부에 숨긴 힘을 나타내는 핀란드의 예술」이라는 제목으로 시수를 분석했고, 『포브스』는 2019년 3월에 「왜 비즈니스 리더는 시수를 알아야 하는가?」라는 제목으로 시수를 소개했으며, CNN과 『LA타임스』도 핀란드에 관한 기사에서 시수를 언급했다.

같은 시기에 핀란드는 세계행복지수 순위에서 1위를 차지했다. 그러자 서양의 언론은 행복한 나라 핀란드의 비밀을 파헤친다며 더더욱 시수라는 핀란드어를 주목하게 되었

다. 핀란드인들도 시수를 다시 분석하여 라이프 스타일과
연결시켜서 해외에 전파했다. 실제로 헬싱키 공항의 서점을
둘러보면 시수를 소개하는 영어 서적을 여러 권 발견할 수
있다.

노키아의 CEO도
언급한 시수

핀란드인에게 시수가 무엇인지 물어보면 "시수는 회색의 바위조차 깨부순다"는 비유가 반드시 나온다. 한 친구는 "시수는 업무나 인생에서 회색의 바위를 깨부숴서라도 무엇인가를 이루고 싶다는 강한 마음이야. 불가능하다고 생각해도 맞서서 이뤄내는 것이지"라고 말했다. 또 다른 친구는 "시수는 시간의 제약이 있지만 꼭 해야 하는 업무를 어떻게든 해내는 것이며, 도망치지 않는 마음가짐이야. 회색의 바위를 깨부수듯이, 어려움이 있어도 금방 포기하지 않는 것이지"라고 말해줬다.

사실 시수는 일상생활에서 그리 쉽게 들을 수 있는 말이 아니다. 말로 하기보다 행동으로 보여주는 것을 좋아하는 핀란드의 전통 때문인지 쉽게 입 밖에 내는 말이 아니며, 내부에 숨겨둔 마음가짐 같은 느낌이다. 다만 비즈니스 인터뷰에서는 시수라는 말을 들을 때가 가끔 있다.

2004년에 당시 노키아의 CEO였던 오르마 올릴라는 시수를 언급하며 회사의 정신을 소개했다.

"시수는 흔히 근성으로 번역되지만, 인내라는 의미도 있습니다. 장기적인 요소도 있습니다. 여러 가지 어려움을 극복하는 것이죠. 이런 기후에서는 시수가 없으면 살아갈 수 없습니다."

그가 말한 기후는 핀란드의 우울하고 가혹한 겨울을 가리키는 동시에 노키아가 놓인 치열한 경쟁 환경을 의미하기도 했다.

또한 『포브스』에 실린 기사에서 스타트업 기업의 핀란드인 CEO는 회사를 설립한 이후로 현재에 이르기까지 수없이 시수의 인도를 받았다고 이야기했다. 그는 "창업 초기에 좀처럼 클라이언트를 확보하지 못해 어려움에 직면했을 때, 주위에서는 그만 포기하라고들 말했지만 시수는 때로는 천사가, 때로는 악마가 되어서 결의와 성공으로 나아가기 위한 의욕을 가져다줬다"고 표현했다.

전쟁에서도 스포츠에서도
통한다

시수라는 말이 주목받은 것은 이번이 처음이 아니다. 과
거에 전쟁이 벌어지거나 올림픽이 열렸을 때도 시수는 핀
란드인의 정체성으로 이야기되었다.

두 차례에 걸친 소련과의 전쟁에서 국력도 인구도 소련
에 비해 크게 불리한 핀란드가 격렬하게 저항해 독립을 사
수한 사실은 세계를 크게 놀라게 했다. 역사 마니아 중에는
두 차례의 전쟁을 버텨낸 핀란드에 낭만을 느끼는 사람도
있을 정도이다. 그 격전에서 발휘된 것이 바로 핀란드인의
시수였다. 실제로 겨울전쟁 이후인 1940년 1월에 『뉴욕 타
임스』는 「시수 : 핀란드를 나타내는 말」이라는 제목으로 겨
울전쟁과 함께 시수를 소개한 바 있다.

스포츠에서도 전쟁이나 독립 이전부터 시수라는 말은 조
금씩 외국에 알려지고 있었다. 그 이유는 플라잉 핀이라고

불린 중장거리 육상 선수들의 활약이었다. 1912년 스톡홀름 올림픽에서 핀란드의 하네스 콜레마이넨은 5,000미터와 1만 미터, 크로스컨트리에서 3개의 금메달을 획득했다. 이후에도 한동안 올림픽과 세계선수권대회에서 핀란드 선수가 시상대의 단골손님이 되자, 핀란드 선수들이 가혹한 중장거리를 강인하게 달릴 수 있는 비결로 시수라는 단어가 쓰이기 시작했다.

그중에서도 1972년 뮌헨 올림픽의 1만 미터 결승전에서 라세 비렌이 보여준 역주는 시수의 체현으로서 지금도 동영상이 SNS에서 회자되고 있다. 비렌은 12바퀴째에 벨기에 선수와 접촉하면서 다리가 뒤엉켜 넘어지는 바람에 선두 그룹으로부터 멀어지고 말았다. 그러나 이후 다시 맹렬하게 추격했고, 600미터가 남았을 때 라스트 스퍼트를 해 1위로 결승선을 통과하고 금메달을 목에 걸었다. 지금도 큰 대회에서 메달을 획득하면 핀란드 선수들은 "시수로 달렸다" "시수로 힘든 훈련을 극복했다" 같은 말을 한다.

일, 가정, 취미, 공부
모두 의욕적으로

"인생을 살거나 일상생활을 하면서 시수를 느낀 적이 있습니까?" 하고 핀란드인에게 물었다. 한 50대 여성은 "나는 지금까지 많은 것을 시수로 극복해왔다"고 말했다. 실제로 그 여성은 둘째 아이의 출산·육아휴가 중에 대학교에서 프로그래밍 공부를 시작했고, 육아휴가가 끝난 뒤에 소프트웨어 회사로 이직했다. 그리고 출장이 많은 남편이 자주 집을 비우는 가운데 두 자녀를 키우면서 종일 일했고, 대학교 졸업논문을 썼으며, 유학생들과도 매주 한 번씩 교류했다. 게다가 스포츠도 좋아해서 주말이 되면 운동하고 대회에도 참가했다. 그 모습을 옆에서 지켜보면서 어떻게 그렇게까지 할 수 있는지 신기하게 생각한 적이 있었다.

그러나 그 여성이 특별히 대단한 것은 아니다. 핀란드에는 남녀를 불문하고 일도, 가정도, 공부도, 취미도 욕심을 내어 해내는 사람이 적지 않다. 그 여성도 45세를 넘기면서부터 공부에 더욱 몰두해 석사 과정과 교원 과정을 수료했다. 특히 교원 과정은 실습도 필요하고 리포트도 많이 제출해야 하기 때문에 1년 동안 휴직하고 공부에 힘을 쏟았다. "그렇게 공부해서 뭐 하려고?" 하고 물어보니 "서랍은 많이 가지고 있을수록 좋잖아?"라는 대답이 돌아왔다. 그 여성은 '서랍을 많이 가진다'는 표현을 참으로 좋아했다. 천성적으로 새로운 것을 공부하기 좋아하기도 했지만, 인생의 선택지나 자신의 기량을 꾸준히 확대하고 싶은 모양이었다.

핀란드인의, 특히 여성의 이런 욕심에 놀란 적이 한두 번이 아니다. 대기업에서 사무직으로 일하는 친구는 업무도 봐야 하고 두 아들도 키워야 하는 바쁜 상황에서도 취미인 스포츠와 어학 공부를 포기하지 않고 자신의 페이스에 맞춰 꾸준히 계속하고 있다. 나이나 환경을 신경 쓰지 않고 항상 자신이 하고 싶은 일이나 꿈을 향해 전진하는 모습에서는 시원함이 느껴지며, 그 정신력에는 고개가 숙여진다.

물론 이것은 일과 생활의 균형이 잡혀 있고 주위의 이해를 구할 수 있으며 가정에서도 남녀평등이 어느 정도 실현되어 있기에 가능한 일이다. 그렇지만 '~라서 할 수가 없어'라고 생각하지 않고 '~를 하고 싶으니 하겠어'라며 긍정적이고 열정적인 마음가짐으로 살아가는 모습은 참으로보기 좋다. 이 또한 시수의 하나일지도 모르겠다고 느꼈다.

시수와 고집은
종이 한 장 차이

시수에 관한 인식은 핀란드인 사이에서도 다소 편차가 있다. 직장에서 어떻게든 마감에 맞추기 위해 노력했다거나 일이 생각처럼 진행되지 않았지만 포기하지 않고 다른 방법을 궁리해 상황을 반전시키는 등 자신의 주변에서 시수를 발견하는 사람이 있는 반면에, 시수라는 말을 쉽게 쓰고 싶어 하지 않는 사람들도 있다. 시수의 예를 들 때 가혹한 기후 조건에서 사는 핀란드인의 생활을 소개하는 경우가 종종 있는데, 이것은 결코 시수가 아니라고 말하는 사람들도 있다.

한 친구는 "시수의 전제는 불가능하다고 생각되는 어려움이나 상당히 해결하기 어려운 과제야. 그런 어려움에 맞서서 불가능을 가능으로 만드는 것이 시수야. 그러니까 쉬운 것에 대해서는 시수라는 말을 쓸 수 없고, 써서도 안

돼"라고 말했다. 다른 친구도 "내가 지금까지 살아오면서 나 자신에게 시수가 있다고 느낀 일은 하나도 없었어. 학창 시절에 아무리 춥고 눈보라가 몰아치는 날이라도 매일 1시간씩 걸어서 학교에 다녔지만. 그건 시수가 아니야. 그 방법밖에 없었기 때문이지. 자동차도 운전할 줄 몰랐으니까"라고 냉소적으로 말했다.

다만 한 가지는 모두의 의견이 일치했다. 시수는 자신의 강한 결의나 마음가짐이라는 점이다. 그들은 "누군가 강제로 시키는 것이 아니야. 스스로 그렇게 하고 싶으니까 하는 거지. 누군가의 기대에 부응하기 위해 하는 것과도 달라. 압박을 가하는 주체는 자신이고, 내가 바라는 모습이 되기 위해 노력할 뿐이야"라고 했다.

또한 친구들은 "시수는 고집이나 무리한 행동과 종이 한 장 차이야. 자신이 약하다는 사실을 받아들이지 못하고 그저 벽에 머리를 들이박는 결과가 될 위험성도 있어. 때로는 아무리 노력해도, 돌을 깨부수려 해도 안 될 때가 있는데, 그럴 때는 다른 사람에게 도움을 청하는 용기도 필요해"라는 이야기도 해줬다.

스스로
행동한다

．．．．．．．．．．．．．．

주위에 의지하지 않고 자신의 생각을 고수하며 끝까지 해내는 자립적인 핀란드인의 기질은 일상생활 곳곳에서 느낄 수 있다.

예를 들어 핀란드에 유학 가려고 마음먹었을 때 가장 곤란했던 것은 유학을 알선해주거나 상담해주는 곳이 없다는 점이었다. 미국이나 캐나다 등의 학교 정보는 일본어로 소개해주는 곳이 많고, 원하는 학교와 연결해주거나 상담해주는 곳, 유학 절차를 대행해주는 곳도 있다.

그런데 핀란드의 경우는 그런 곳이 거의 없기 때문에 아무 정보도 없는 상태에서 직접 학교를 조사하고 자료를 모아 유학 절차를 진행해야 했다. 이에 대해 핀란드 사람에게 불만을 늘어놓은 적이 있는데, 그들은 "그게 왜? 정보도 있으니 직접 조사해서 행동하면 되잖아?"라고 말했다.

사실 틀린 말은 아니었다. 인터넷에든 각 학교에든 정보는 충분히 준비되어 있다. 직접 원하는 학교를 결정하고 행동에 옮기는 것은 그리 어려운 일이 아닌 것이다.

그러나 아무래도 일본에서 태어나 자라면 모든 것이 준비돼 있는 상황에 익숙해서 누군가가 정리해서 진행시켜주지 않으면 불안감을 느낄 수밖에 없다.

개인에게
달려 있다

유학을 온 뒤에도 상황은 비슷했다. 곤란한 일이 있을 때 상담해주거나 일상적인 문제를 도와주는 교사는 있었지만, 수업 이수를 어떻게 해야 하고 어떤 수업을 들어야 하는지는 각자의 판단에 맡길 뿐 아무도 모델 플랜을 만들어주거나 대략적인 틀을 짜주지 않았다. 전부 개인에게 맡긴 것이다. 좋게 말하면 지극히 자유롭고 유연했지만, 나쁘게 말하면 극단적인 방임주의였다.

다시 말해 핀란드에서는 진로도, 수업 이수도, 취업 활동도 누군가에게 부탁하는 것이 아니라 능동적으로 움직이는 것을 당연시하며, 그렇게 하기를 강하게 요구한다. 예를 들어 핀란드에서는 중학생 무렵부터 긴 여름방학에 아르바이트를 하는 사람이 많다. 그리고 아르바이트 자리든, 대학생 인턴십이든, 취업할 회사든 전부 자신이 찾아야 한다. 학교나 대학교가 알선해주는 일도 없고 일본의 취업·이직 사이트 같은 서비스도 발달하지 않았다.

　마음에 드는 기업의 홈페이지나 가족, 지인 등을 통해 정보를 수집해서 다양한 기업에 접근한다. 모두가 일제히 취업 활동을 하는 것이 아니고 일본처럼 취업 설명회가 열리지도 않기 때문에 꾸준히 문을 두드리는 수밖에 없다.

인생 설계도
모두 제각각

 의무교육이 끝날 무렵부터는 공부든, 사회 진출이든, 생활이든 모두가 일제히 시작하는 것이 아니라 저마다 다른 길을 걷는다. 어떤 사람은 사회인에서 학생으로 돌아가기도 하고, 누군가는 일찍 결혼해 가정을 만들며, 또 누군가는 늦게 결혼하는 등 인생 설계가 천차만별이어서 다른 사람과 비교하기 어렵다.

 예전에 핀란드의 한 대학교에서 학생들을 가르쳤던 일본인 강사가 재미있는 이야기를 해줬다. 일본에서 학생을 가르칠 때는 학생들에게 연구 주제와 절차 등을 단계별로 일일이 가르쳐주고 칭찬해주면 학생들이 열심히 연구했다. 그런데 핀란드에서는 대략적인 방법과 주제만 던져주면 직접 생각하면서 연구를 진행한다고 했다. 어떤 의미에서는 편했지만, 그만큼 이상한 방향으로 나아갈 때가 많아서 나중에 바로잡는 데 애를 먹었다는 것이다.

같이 일하는 핀란드 인턴도 해줬으면 하는 점을 전하면 직접 방법을 조사하고 생각해서 진행하는 경향이 있다. 뭐든지 물어봐도 된다고 말했지만, 하나부터 열까지 일일이 가르칠 필요는 거의 없다. 전부 물어보면서 신중하게 진행하는 것과 일단 자신의 머리로 생각하고 실천해보는 것 중 어느 쪽이 더 좋거나 나쁘다고 할 수는 없다. 다만 이런 것이 평소 생활 등에서 형성된 습관의 차이임을 느낀다.

나는 무엇이든 미리 준비해서 어느 정도 가이드라인을 구축해놓는 익숙한 방식이 역시 좋다고 생각하며 즐겁다고 느낀다. 그러나 여기에 지나치게 익숙해지면 그 틀에서 벗어나지 못하게 될 위험이 있다.

생각만 하기보다
일단 행동할 뿐

핀란드에서 유학 생활을 하던 시절, 룸메이트였던 핀란드인 친구에게 "지금 해외에서 생활하는 굉장히 재미있는 경험을 하고 있으니까, 그걸 글로 써서 일본의 신문사나 출판사에 파는 게 좋지 않겠어?"라는 말을 들었다. 그때는 '난 그런 건 못 하겠어'라고 생각했지만, 그 친구가 실제로 그렇게 해서 기회를 잡은 것을 보고 나도 기사 연재와 출판의 길로 나아갈 수 있었다.

또 주위 사람들이 아무리 떨어져도 포기하지 않고 계속 이력서를 보내서 인턴십 자리나 취직 자리를 찾아내려 하는 모습을 보고 다양한 사람들에게 열심히 어필해 인턴십 자리와 아르바이트 자리를 찾아낸 경험도 있다. 머릿속에서만 생각하기보다는 일단 행동한다. 스스로 정보를 모은 다음 상식이나 틀에 얽매이지 않고 자유롭게 행동하는 일의 중요성을 핀란드인에게 배운 것이다.

이렇게 남에게 의지하지 않고 자신의 힘으로 하는 것은 결코 어려운 일이 아니다. 오히려 즐거운 일인지도 모른다. 무엇보다 자신의 뜻대로 할 수 있고 성취감도 생기기 때문이다. 핀란드인이라고 해서 주위 사람들과 자신을 전혀 비교하지 않고 살아가는 것은 아니지만, 행동 방식이나 살아가는 방식이 다른 사람들과 똑같을 필요는 없다는 그들의 자세는 정신적으로도 많은 도움이 되었다.

집도 내 손으로
만든다

....

　핀란드인 친구는 "취업 활동이든 여행이든 내 힘으로 하는 편이 더 즐겁게 느껴지는 측면도 있어. 모든 것이 준비되어 있는 길을 걷기보다는 직접 조사하고 모색한 다음 행동하는 편이 훨씬 즐겁고 성취감도 있잖아?"라고 말했다. 어쩌면 그 궁극적인 형태는 스스로 집을 수리하거나 짓는 것인지도 모른다. 핀란드인은 DIY를 좋아해서 간단한 페인트칠이나 도배는 손수 한다. 심지어는 거실이나 주방을 대폭 개조하거나 수도 설비를 교체하고 집을 새로 짓는 것도 직접 해버린다.

　직접 집을 짓는다니 나로서는 대단하다는 말밖에 나오지 않는다. 하지만 핀란드 친구에게 그 일은 시수의 축에도 끼지 못한다. 그들은 직접 집 짓는 가장 큰 이유를 "들어가는 비용이 전혀 다르거든. 키트를 구입해서 직접 짓는 편히 훨씬 저렴해"라고 말했다. 게다가 직접 집을 지으면 시간은 오래 걸려도 헤아리기 어려울 정도의 성취감을 얻을 수 있다고 한다. 스스로 생각하고 몸을 움직이는 과정을 즐기는 모습을 엿볼 수 있다.

핀란드어로 리노베이션을 '레몬티'라고 한다. "여름휴가 동안 뭘 할 거야?"라고 물어보면 "레몬티"라는 대답이 돌아오는 확률이 매우 높다. 어렸을 때부터 부모나 친척이 집을 수리하는 모습을 지켜보며 방법을 배운 사람도 많고, DIY를 잘하는 친구나 친척이 주위에 반드시 한 명쯤은 있기 때문에 조언을 구하거나 인터넷 등에서 정보를 얻는다. 핀란드인 친구의 집이나 별장에 놀러 가면 "작년에 레몬티 중이었던 걸 드디어 완성했어"라고 뿌듯해하며 자랑하는 경우가 많다.

혼자 사는 여성도 레몬티와 인연이 없지는 않다. 핀란드인은 정식 일자리를 얻으면 비교적 젊은 나이에도 아파트 등을 구입하는데, 보통 중고 원룸을 구입한 다음 가족이나 친척, 친구의 손을 빌려 도배하거나 목욕탕 또는 주방 등을 청소하고 자신의 취향에 맞게 바꿔나간다. 그리고 이것은 나중에 원룸을 팔 때 새로운 부가가치가 된다.

이런 모습을 보면 자신의 손으로 바꿔나가는 것이 다소 귀찮기는 하지만 힘들기보다 즐겁고 애착이 가는 과정임을 느낄 수 있다.

시수는
행복의 열쇠일까?

　과연 '시수'는 핀란드의 높은 행복도와 관계가 있을까? 여기에는 다소 위화감을 느끼는 핀란드인도 많다. 그것은 시수 자체가 행복도와는 직접 관련이 없기 때문이다. 다만 국가로서 독립을 유지하기 위해 긴 싸움을 해야 했고, 패전의 아픔 속에서 행복으로 이어지는 복지국가 제도를 계획하고 실천하기 위해 수많은 어려움에 맞서는 자세와 노력 그리고 포기하지 않는 마음이 필요했음은 명백하다. 그리고 그런 마음가짐은 시수와 통하는 측면이 있다.

　시수와 유사한 강인함, 포기하지 않는 정신, 도전하는 마음가짐을 나타내는 말이나 콘셉트는 결코 핀란드에만 있는 것이 아닐 것이다. 한 핀란드 친구는 "사람들은 시수가 핀란드 특유의 정신이라고 말하지만, 나는 다른 나라 사람들에게서도 시수를 볼 수 있다고 생각해"라고 말했다. 어떤 나라든 자연환경이나 역사로부터 배양되어온 육체적, 정신적인 강인함이나 힘을 나타내는 말이 있을 것이며, 그것을 체현한 사람이나 사건도 있을 것이다. 나 역시 시수가 일본의 정신성과도 통하는 측면이 있다고 느끼며, 비교적 이해하기 쉬운 콘셉트라고 생각한다.

현재의 핀란드는 경제적으로나 정치적으로나 안정되어 있다. 인생에서 개인이 시수를 느끼는 일은 있을지도 모르지만, 시수가 핀란드인을 하나로 모으는 접착제 역할을 했던 과거와는 그 가치가 조금 달라졌는지도 모른다. 실제로 일상생활에서는 시수를 느끼기보다 심플하고 편안한, 핀란드어로 말하면 '무카바(Mukava)'한 때를 느끼는 경우가 많다. 설령 일과 가정, 공부를 의욕적으로 추구하더라도 핀란드의 일상생활은 어딘가 느긋한 분위기가 느껴진다.

심플하고
편안한 생활

핀란드의 디자인이나 건축을 볼 때 자주 느끼는 점은 심플하고 기능적이라는 것이다. 화려한 아름다움보다는 깔끔하고 자연스러운 아름다움을 추구한다. 그리고 써보면 편리하고 튼튼하다. 이것은 핀란드인의 생활 방식이나 일하는 방식에서도 느낄 수 있다.

집에 가면 그다지 넓지 않은 방에 필요 최소한의 가구가 놓여 있어서 깔끔함이 느껴진다. 수납 공간을 효율적으로 사용하고, 필요 이상의 것은 두지 않는다. 자녀가 있더라도 여러 가지 장난감이 흩어져 있는 곳은 아이 방뿐이다. 다른 방은 변함없이 깔끔함 그 자체다.

직장에서도 서류가 산더미처럼 쌓여 있는 책상을 보기가 어렵다. 여기에는 물론 지금은 최대한 종이를 사용하지 않게 된 영향도 있다. 개인 사무실이 아니더라도 각자의 공간에 여유가 있으며, 색의 배치나 가구의 통일감도 고려하여 기분 좋은 공간을 만든다.

심플하고 편안한 것은 공간만이 아니다. 일하는 방식이나 라이프 스타일 또한 심플하다. 아침에 일어나 간단하게 식사하고 출근한다. 출근시간은 평균 20분 정도이며, 이동 수단은 수도권의 경우 지하철이나 노면전차, 버스 등이고 다른 지역에서는 주로 자동차다. 최근에는 운동을 겸해서 자전거나 도보로 출퇴근하는 사람도 있지만, 겨울이 길기 때문에 날씨를 생각하면 역시 자동차가 가장 편리하다.

각자 자신이 원하는 시간에 출근하기에 조례 같은 것은 없으며, 점심도 빨리 먹는다. 앞에서도 이야기했듯 야근은 하지 않으며, 오후가 되면 업무를 마친다. 퇴근 후에는 집으로 돌아와 취미 생활을 하거나 운동을 하고, 밤에는 푹 잔다.

외식하거나 밤에 외출을 하는 일도 많지 않다. 헬싱키 같은 대도시의 중심지에 살고 있다면 이야기는 달라지지만, 그 밖에는 집 근처에 쇼핑센터 등의 상업 시설이나 슈퍼마켓이 있는 경우가 드물다. 편의점이나 레스토랑도 없으며, 외식은 가격이 비싸기 때문에 특별한 이유가 있을 때만 한다.

자녀가 있는 가정은 아이를 학교에 통학시키고 집안일
도 해야 하지만, 일본처럼 시간을 들여서 요리를 만들거나
도시락을 싸는 습관은 없다. 간단한 요리나 빵 등 굉장히
심플하다고 느낄 정도의 식사로 끼니를 해결하는 사람도
많다. 자녀의 이유식도 직접 만드는 경우보다 시판되는 병
조림을 사용하는 경우가 대부분이다.

직장에서도
편안한 옷을 입는다

핀란드에서는 2~3일 동안 같은 옷을 입고 다닌들 누구도 뭐라 하지 않으며, 겉모습보다는 계절에 맞춘 기능성이 높은 옷을 선호한다. 마리메꼬 등 유명 브랜드가 있지만, 세련되고 예쁜 혹은 멋진 옷을 입고 다니는 사람은 극소수에 불과하다. 멋 내기를 좋아하는 사람으로서는 조금 슬픈 일이지만 심플하고 편안한 것은 부정할 수 없다.

직장에서도 여성에게 화장하거나 하이힐을 신도록 요구하는 곳은 적다. 특히 겨울이 되면 바깥은 영하 10도, 20도까지 떨어지고 노면도 미끄러워진다. 스커트를 입거나 하이힐을 신고 바깥에 나가는 것은 자살행위나 다름없으며, 매번 갈아입을 옷과 신발을 가지고 다니는 것은 그다지 현실적이지 못하다. 또한 집에서 신발을 벗고 생활하는 습관이 있는 핀란드에서는 사무실에서 편안한 샌들을 신거나 맨발로 다니는 사람도 볼 수 있다.

화장이나 복장에 대해 주위에서 압박을 가하지 않으며, 청결하기만 하면 본인 마음대로 해도 상관없다. 헤어스타일이나 손톱, 액세서리도 자유다. 이것은 남성도 마찬가지로, 양복이나 넥타이는 필수가 아니다. 예전에 일본으로 출장 온 핀란드인이 일본 고객과 만나기 위해 양복을 입고는 "일단 옷장 속에 있는 걸 가져오기는 했는데, 양복 입는 게 결혼식 이후 처음인지도 모르겠어"라며 멋쩍어하던 모습이 지금도 잊히지 않는다.

물론 호텔이나 항공사, 의료시설 등에서는 제복이나 그에 걸맞은 옷차림이 요구되지만, 비즈니스 패션의 규칙은 일본보다 훨씬 느슨하다. 교사나 공무원, 영업직이라 해도 청바지를 비롯해 캐주얼한 옷을 입든 염색하든 문신하든 전혀 신경 쓰지 않으며 각자의 개성으로 받아들인다.

출신 학교로
사람을 판단하지 않는다

핀란드의 교육은 세계적으로 유명한데, 재미있는 점은 표준 점수가 존재하지 않는다는 것이다. 또 출신 대학교 등을 기준으로 '머리가 좋은 사람' '나보다 위' 혹은 '아래' 같은 상하관계를 만들지도 않는다.

의무교육이든 그 후의 고등교육이든 공립학교만 있으며, 보통은 집에서 다니기 쉬운 학교로 간다. 개중에는 특별히 음악을 공부하고 싶거나 스포츠를 하고 싶다는 등의 이유로 조금 멀리 떨어진 특별한 학교를 고르는 경우도 있지만 수준의 편차가 적고 지역 차이도 없다. 일본 같은 고교 입시는 없으며, 중학교 성적을 기준으로 선발한다. 다만 특별한 고등학교나 인기 학과에 갈 때는 레벨 테스트 등을 실시하기도 한다.

대학교의 경우도 A대학교가 최고라든가 B대학교는 A대

학교보다 떨어진다는 식의 개념이 전혀 없다. 가르치는 내용이 대학교마다 다르기 때문이다. 예를 들어 A대학교에는 의학부가 있지만 B대학교에는 없는 경우가 있다. 그렇기 때문에 들어가고자 하는 학부나 연구 내용, 집과의 거리, 살고 싶은 곳에 위치하고 있는가 등을 기준으로 대학교를 고른다.

또한 핀란드에는 직업고등학교나 응용과학대학이라고 부르는 직업전문대학교가 있는데, 이런 곳이 일반고등학교나 종합대학교보다 열등한가 하면 그렇지는 않다. 실제로 최근에는 취업에 유리하다는 이유로 직업고등학교나 응용과학대학이 인기를 모으고 있다. 직업고등학교나 응용과학대학을 선택했더라도 나중에 종합대학교에 들어가서 석사나 박사학위를 취득할 수도 있으며, 취업 후에도 학문을 추구하는 사람이 종종 있다.

출신 학교에 따른 꼬리표가 없는 것은 참으로 마음 편하다. 이것은 내 반성이기도 한데, 우리는 사람을 볼 때 먼저 표면적인 부분을 보고 만다. 특히 ○○대학교라는 이름이 그 사람을 평가하는 기준이 되어버리는 경우도 있다. 이것은 인격 형성에 지대한 영향을 끼치기도 한다. 자신 또는 형제에게 콤플렉스를 느끼기도 하며, 부모가 자녀에게 과도한 기대를 품고 그 기대에 부응하지 못하면 실망하기도 한다. 반면에 핀란드에서는 학교명이라는 꼬리표가 없기 때문에 아주 단순하게 그 사람의 본질을 보려고 하며, 대등한 위치에서 바라본다. 그래서 개인이 무엇을 배우고 무엇을 선택할지 더 자유롭게 생각할 수 있다.

직장에서도 출신 대학에 따른 파벌은 생기지 않는다. 대학 동창회나 네트워크는 있지만, 선후배 관계나 연구실의 속박이 적은 핀란드에서는 일할 때 어느 대학을 나왔는지 물어보는 일도 없고 출신 대학교를 의식할 필요도 없다.

인간관계도
심플하고 편안하게

　핀란드인은 자립 성향이 강해서 남에게 의지하는 것을 조금 부담스럽게 여기지만, 그렇다고 해서 도움을 요청받았을 때 매몰차게 외면하는 사람들도 아니다. 먼저 손을 내밀어서 도와주지는 않더라도 부탁을 받으면 최대한 응해주려고 한다. 그래서 친절을 마구 베풀거나 감정을 풍부하게 표현하는 일은 없지만 익숙해지면 신뢰할 수 있는 사람이라고 느끼게 된다.

　예전에 지인이 세상을 떠나서 힘들어했을 때, 핀란드인 친구는 함께 울어주거나 위로의 말을 잔뜩 늘어놓는 대신 "그런 게 인생이야"라며 냉정하게 말하고는 내가 울도록 내버려뒀다. 처음에는 매몰차다 느꼈는데, 그렇게 말하는 사람이 그 친구만은 아니었다. 다른 핀란드 친구들도 모두 냉정하게 받아들이고 "안타까운 일이네. 고인의 명복을 빌게"라고 말한 뒤, 과도한 감정을 표현하거나 괜히 기운을 북돋으려 하지 않고 "그런 게 인생이야"라고 말했다. 이것을 처음에는 이상하게 생각했지만, 나중에는 오히려 편하기도 했다.

그 밖에도 누군가가 실연했을 때, 육아 문제로 고민하고 있을 때, 병에 걸렸음을 알았을 때, 상황이 너무 좋지 않아 가족의 관혼상제에 참가할 수 없었을 때, 회사에서 해고당했을 때 등 당사자와 주위 사람들이 "그런 게 인생이야. 어쩔 수 없지"라며 너무나 냉정하게 반응해서 당혹스러울 때가 있다. 그런데 이 당혹스러움의 정체가 무엇인지 생각해보면, 일본에서는 공감을 표시하기를 강하게 요구받기 때문일지 모른다는 결론에 도달한다. 당사자와 함께 화내고, 슬퍼하고, 고민하고, 생각할 것을 요구받는 것이다. 그러나 핀란드인은 '그런가' 하고 조용히 받아들이며 쓸데없는 말은 거의 하지 않는다.

커뮤니케이션은
담백하게

한발 물러선 인간관계는 접대할 때도 나타난다. 핀란드
에서는 상대에게 선택지를 주고 자유로운 시간과 공간을
부여하는 것이 최고의 접대라고 생각한다. 핀란드 문화에
익숙하지 않으면 당혹스러울지도 모르지만, 그 배경에 있
는 생각을 이해하면 마음이 편해진다. 핀란드에서는 끈적
끈적하게 밀착된 관계보다 심호흡할 수 있는, 공간이 있는
인간관계를 추구한다. 그래서 무엇인가 이야기했을 때 듣
고는 있지만 크게 감정을 표현하거나 말을 걸거나 쓸데없
이 동정하지 않는다. 다만 말이 없더라도 부정당했다는 느
낌은 들지 않으며, 그 담백함도 상당히 기분이 좋다.

그런데 일본인으로서는 이 커뮤니케이션 스타일에 익숙
해지기가 참으로 어렵다. 일본에서는 말을 많이 하지 않아
도 맞장구를 함으로써 듣고 있다는 것을 표현하지만, 핀란

드는 그런 맞장구조차 횟수가 매우 적거나 거의 없다. 그래서 정말 듣고 있기는 한 건지 의문이 들 때도 있다.

그러나 핀란드인은 '눈을 마주 보면서 당신이 하는 이야기를 듣고 있고, 내가 이야기할 차례가 오기를 기다리고 있을 뿐'이라고 생각한다. 다만 상대방이 이야기를 마쳤다고 해서 핀란드인이 뭔가를 말한다는 보장은 없다. 그들은 침묵을 사랑하기 때문이다. 일본인도 침묵을 좋아하는 편이어서 그다지 말을 많이 하지 않는데, 그런 탓인지 핀란드인 중에는 "비즈니스 교섭이나 프레젠테이션을 할 때 상대가 일본인이면 참 편해. 줄곧 이야기하지 않아도 되고, 끝까지 조용히 들어주거든"이라고 말하는 사람이 많다. 일본에서 프레젠테이션 후에 질문이 좀처럼 나오지 않을 때도 '핀란드와 마찬가지네. 질문이 없다는 건 프레젠테이션이 좋았다는 뜻이겠지'라며 만족스러워한다.

또한 핀란드인은 칭찬받거나 자랑하는 데도 조금 서툴다. 비즈니스 세계에서도 좋은 점을 어필하는 것이 서툴다는 이야기를 지금까지 여기저기에서 들어왔다. 최근에는 시대가 바뀌면서 어필이 능숙해지긴 했지만, 여전히 크게 칭찬받으면 불편한 기색을 보인다. 예전에 책을 출판한 핀

란드인 친구가 있었는데, 미국 사람들이 "훌륭해!"라고
칭찬하자 점점 표정이 어두워지더니 고개를 푹 숙이고 말
았다. 그래서 나중에 그 이유를 물어봤는데 "그렇게 칭찬
을 받으니 어색해져서 어떻게 해야 할지를 모르겠더라고"
라는 대답을 듣고 나도 모르게 웃음을 터트리고 말았다.

명함 대신
악수를

....

    핀란드인의 커뮤니케이션에서 농담의 소재로 자주 사용되는 것으로 넓은 개인 간격이 있다. 버스 정류장에 사람들이 수 미터 간격으로 띄엄띄엄 서 있는 사진은 인터넷을 통해 전 세계로 퍼졌다.

    버스 정류장뿐만 아니라 비즈니스 현장에서도 기본적으로 상대방과의 거리를 넓게 잡으며, 그다지 가까이 접근하지 않는다. 볼 키스는 하지 않고 포옹은 친구나 가족으로 한정한다. 그 대신 남녀를 불문하고 악수를 많이 한다. 특히 비즈니스 상황에서는 처음에 명함을 교환하는 대신 자기소개를 하면서 눈을 똑바로 바라보고 힘차게 악수한다. 이때 악수를 약하게 하면 의욕이 없거나 흥미가 없다는 의미로 받아들여지기 때문에 힘껏 악수하는 편이 좋다. 많은 이야기를 하지 않아도, 서로의 간격이 넓어도, 그다지 밀

접한 관계를 쌓지 않아도 악수를 나누면 상대를 신뢰한다. 실제로 대부분의 경우 성실하고 신뢰할 수 있다는 것이 핀란드인의 장점이다.

또한 핀란드인은 집이나 사우나에 다른 사람을 초대하는 경우가 종종 있다. 외식 비용이 비싸다거나 선택지가 그다지 없다는 이유도 있지만, 집에서 여유롭게 시간을 보내기를 바란다는 배려와 상대를 신뢰하는 마음의 표현이기도 하다. 이때는 식사를 대접하기보다 커피나 홍차를 대접하는 경우가 많다. 그리고 묵을 곳이 정해지지 않았다면 방도 제공한다. 딱히 선물을 가져갈 필요는 없으며, 서로 가볍게 권하고 받아들인다.

반면에 핀란드인은 혼자만의 시간도 즐긴다. 파티를 좋아하는 핀란드 친구가 하루는 이렇게 말했다.

"혼자 있는 것과 외로운 건 달라. 조용히 혼자만의 시간을 보내며 심호흡하는 건 누구에게나 필요한 일이라고 생각해. 이건 결코 부정적인 것이 아니고, 오히려 마음을 편안하게 해줘. 그래서 나도 가끔은 혼자가 돼서 심호흡하며 느긋하게 시간을 보내려 노력하고 있어."

지속 가능성이
부가가치를 만든다

심플하고 편안한 생활을 즐기는 핀란드에서 최근에 매일같이 듣는 말이 있다. 바로 지속 가능성이다. 지속 가능한 패션, 지속 가능한 디자인, 지속 가능한 여행, 지속 가능한 국가 만들기 등, '지속 가능'은 핀란드인의 라이프 스타일에서 정치에 이르기까지 빠지지 않는 콘셉트로 자리 잡고 있다.

가령 패션의 경우, 최근 옷이나 액세서리, 잡화 브랜드 중에는 재사용이나 환경을 생각하는 곳이 많다. 내가 애용하는 타우코(TAUKO)라는 브랜드의 스커트는 병원 같은 곳에서 사용한 시트를 분홍색으로 염색하고 독특한 형태로 재단하여 세련된 옷으로 재탄생시킨 것이다. 또한 겨울에 애용하고 있는 눈 결정 모양의 귀걸이는 폐기된 심벌즈로 만든 것인데, 사회에 잘 적응하지 못하는 사람이나 장애가 있는 사람이 일하는 작업소에서 제작되었다. 둘 다 특별히 사회 공헌을 의식했다기보다는 디자인이 마음에 들어 구입한 제품이다.

그 밖에도 헬싱키의 옷가게에는 환경을 생각한 소재나 공법으로 만든 옷, 폐자재에서 재탄생시킨 가방이나 액세서리가 넘쳐난다. 최근에는 백화점에서도 그런 브랜드의 제품이 판매되고 있기 때문에 억지로 찾아다니지 않아도 걷다 보면 자연스럽게 눈에 들어온다.

재활용 소재를 사용했다고 해서 상품의 가격이 저렴한 것은 절대 아니지만, 그럼에도 잘 팔리는 이유는 환경에 대한 소비자의 의식이 높아졌기 때문이라고 할 수 있다. 즉, 윤리적, 환경친화적이라는 것이 충분히 제품의 부가가치가 될 수 있다는 말이다.

오랜 역사가 있는 기존 브랜드도 생산지라든가 제작 과정에서 자신들이 얼마나 환경을 신경 쓰고 있는지 어필하고 있다. 이는 사내의 페이퍼리스나 전기 절약 같은 것 이상으로 넓은 시야에서 비즈니스를 검증하는 것이기도 하다. 즉, 제조 자체는 외국에서 하더라도 그곳에서 일하고 있는 사람들의 노동 환경에 신경을 쓰고 친환경적인 소재와 염료를 사용하며 제작 공정에서 지구 환경을 배려하는 것은 가격이나 디자인과 마찬가지로 소비자에게 하나의 선택 기준이 되고 있다.

이것은 패션계만의 이야기가 아니다. 가구든 기계든 제품이 무엇이든 간에 생산 공장의 열원을 어디에서 확보하고 있는지, 원재료를 낭비하지는 않는지, 생산 과정에서 이산화탄소나 폐수를 많이 발생시키는 등 환경에 부담을 주고 있지는 않은지, 운송 방법은 어떠한지 등에 대한 소비자와 비즈니스 파트너의 감시가 강해지고 있다. 그렇기에 생산자도 세계에서 우량기업으로 인정받기 위해서는 지속 가능한 비즈니스 모델이나 윤리적인 부분에 대한 배려를 강조할 필요가 있다.

재이용이나 재활용이라고 하면 과거에 아깝다는 이유 또는 절약 정신에서 고령자가 열심히 하던 행동이라는 이미지가 아직 남아 있을지도 모르겠다. 하지만 지금은 환경이나 기후 변동, 지속 가능성 같은 것에 크게 민감해진 젊은이들이 주도하는 거대한 운동으로 발전했다.

벼룩시장과
공유가 인기

    핀란드에는 예전부터 중고제품을 이용하거나 질 좋은 물건을 오랫동안 소중히 사용하는 문화가 있다. 내가 다녔던 이위베스퀼레 대학교에는 '서바이벌 키트'라고 해서 유학생에게 필수품을 빌려주는 제도가 있었다. 유학생을 위한 아파트의 경우 기본적인 가구만 있을 뿐 이불이나 주방용품 등은 각자가 준비하도록 되어 있는데, 3개월에서 반년 정도만 머물 예정인 유학생이나 이 나라에 처음 온 외국인이 그런 용품들을 모두 갖추기에는 시간도 돈도 너무많이 든다. 그런 사람들을 위해 서바이벌 키트를 빌려주는 것이다. 핀란드에서 몇 년 살았던 나도 첫 1년 동안은 이런저런 용품을 갖추기까지 서바이벌 키트의 도움을 많이 받았다. 도착한 첫날부터 이불과 식기, 간단한 요리를 할수 있는 냄비와 프라이팬이 있어서 참으로 마음 든든했던 기억이 난다. 그리고 반납된 서바이벌 키트는 다시 다른 유학생에게 대여된다.

또한 유학 초기부터 계속 잘 이용했던 것이 핀란드어로 '키르푸토리(Kirpputori)'라고 하는 벼룩시장이다. 거리에 상설 벼룩시장이 몇 군데 있었고, 교외에는 상당히 규모가 큰 벼룩시장도 있었다. 대학 바로 옆에도 NPO가 운영하는 상설 벼룩시장이 있어서 자주 구경 갔는데, 가끔은 정말 마음에 드는 옷이나 잡화를 싼 가격에 구입할 수 있었다. 또한 마음에 드는 무늬의 커튼이나 천을 사서 재봉 솜씨가 뛰어난 룸메이트에게 옷이나 장식품 등을 만들어달라고 부탁하기도 했다.

이따금 공구나 노르딕워킹용 폴 같은 것이 필요할 때면 지인에게 물어봐도 좋지만 도서관에 문의하는 것도 효과적이다. 핀란드의 도서관은 책만 빌릴 수 있는 곳이 아니다. 악보, 시디, 공구, 스케이트, 노르딕워킹용 폴, 음악실 등 시민이 필요로 할지도 모르는 여러 가지를 빌려주는 서비스도 충분히 갖춰져 있다.

있는 것을
소중히 사용한다

핀란드인의 평소 생활을 살펴봐도 옛날부터 가지고 있던 것을 소중히 사용하거나 가급적 새로운 것을 사지 않고 친구 또는 친척 등을 통해서 대처하려는 자세가 엿보인다.

예를 들어 대학교에 진학하거나 취직 등을 해서 집을 떠나 먼 곳에서 살 때, 일본이라면 1인 가구여도 전자제품 등을 한꺼번에 구입하는 사람이 많을 것이다. 최근 핀란드의 학생 아파트 같은 곳에는 냉장고나 풍로는 설치되어 있지만 가구는 없는 곳이 많다. 물론 이케아 등의 저렴한 가구를 새로 장만하는 사람도 있지만 대부분은 집이나 친척 집에서 쓰지 않는 가구 혹은 자신이 쓰던 가구를 자동차에 싣고 온다. 식기 등은 저렴한 것을 구입하기보다는 아라비아나 이딸라, 펜틱 등 저렴하지는 않지만 오래 쓸 수 있는 브랜드의 제품을 가져온다. 그런 고급품은 친척에게 입학 선물 혹은 졸업 선물로 받는 경우도 많다. 그래서 대학생 시절에 친구 방에 가보면 접시는 아라비아, 컵은 이딸라, 나이프와 포크, 냄비 등은 피스카스 등 놀랄 만큼 좋은 제품을 갖춰놓고 있는 경우도 드물지 않았다. 이처럼 조금 비싼 브랜드도 학생들의 일상생활 속에 침투해 있다는 점이 재미있다. 또한 10~20대의 젊은이에게 처음부터 평생 동안 쓸 수 있는 좋은 물건을 선물하는 것도 멋지다고 느꼈다.

자사의 상품을
되판매하는 회사

자사의 상품을 되사서 판매한다는 독특한 시도를 하는 기업도 있다. 관광객에게 인기인 헬싱키 중심부의 디자인 디스트릭트와 그 주변에는 앤티크 가게나 중고품 가게도 다수 있다. 그중에서도 핀란드를 대표하는 가구 회사 아르텍이 운영하는 'Artek 2nd Cycle'에서는 자사의 중고품을 판매하고 있다. 1930년대에 만들어진 의자나 1960년대의 조명 등 신품에서는 절대 느낄 수 없는 멋이 깃들어 있는 제품들이다.

아르텍은 벼룩시장이나 오래된 공장, 학교, 조선소 등에서 오래 사용한 자사의 가구를 찾아 사들이고 있다. 세월을 먹는 것은 오래되어 퇴색되는 것이 아니라 새로운 매력과 가치가 더해지는 것이며, 세월에 따른 변화를 나쁜 것이 아닌 성장·발전으로 받아들인다. 이것은 어떤 의미에서 세월이 흘러도 변하지 않는 아르텍 제품의 품질과 퇴색되지 않는 매력을 나타내는 것이기도 하며, 회사 스스로가 제품을 오랫동안 계속 사용하는 일의 중요성을 전하고 있다.

시수 같은 강경하고 포기하지 않는 강한 마음가짐과 무카바라는 말로 대표되는 심플하고 편안한 라이프 스타일을 함께 지닌 핀란드에서는 결코 억지로 참거나 무리하지 않는 선에서 먼 미래를 내다보며 지속 가능한 사회 만들기를 자발적으로 진행하고 있다.

제6장

끊임없이 공부하고
하고 싶은 일을 한다

업무와 연결되는
공부

핀란드인에게는 또 한 가지 중요한 강점이 있다. 전문성
이나 고도의 스킬을 지닌 인재와 그들을 뒷받침하는 교육,
연수 시스템이다. 최근 핀란드에서 IT 기술을 이용한 스타
트업이 증가하고 있는 이유는 전문 지식을 보유한 우수한
엔지니어가 많기 때문이다. 대학이나 기업에서 쌓은 지식
과 경험을 스타트업에 활용하고 있는 것이다.

핀란드에는 졸업하면 바로 취직하기 위해 직업고등학교
나 전문직대학교에 진학하는 사람이 많다. 이런 학교에서
는 간호나 사회복지, 전자제어, 프로그래밍, 설계, 엔지니
어링, 요리나 미용 같은 서비스업 등 배울 수 있는 직업의
폭이 매우 넓다. 이런 전문직대학교는 종합대학교와 달리
수업이 빽빽하며, 현장 실습에 많은 시간을 투자한다.

예전에 직업전문학교를 견학한 적이 있었다. 가정(家政)

학교에서는 일본의 가정 요리를 함께 만들고 일본 문화에 관해 이야기를 나눴다. 학생들은 미래에 필요한 요리, 청소, 돌봄 등을 배웠지만, 졸업하고 즉시 취직할 생각이라기보다 일단 지식을 쌓으면서 무슨 일을 하고 싶은지 미래에 대해 생각하는 사람이 많았다. 그리고 졸업하면 조리, 경영, 돌봄이나 육아 등 좀 더 고도의 기술을 배울 수 있는 전문직대학교를 선택해 각자의 길을 걸어가는 듯했다.

미용학교에 갔을 때는 미용사와 메이크업 아티스트를 지망하는 친구들의 부탁으로 모델을 한 경험이 있다. 핀란드에서는 아시아인의 생김새나 피부색, 모발을 볼 일이 드물기 때문에 평소와는 다른 좋은 연습이 되었다고 했다. "와, 머리카락이 참 굵네요"라고 감탄하기도 하고, 홑꺼풀을 보고 "아이섀도를 어디에 발라야 하지?"라며 고민하기도 하면서 굉장히 공을 들여서 커트와 화장을 했다. 결과는 그렇게 만족스럽지 않았지만, 재미있는 추억으로 남아 있다.

영어로 강의하는 국제경영 전문직대학교에서 일본에 관해 이야기한 적도 있다. 졸업하면 경영학 학사를 취득할 수 있는데, 일하면서 경영학 석사를 목표로 종합대학교에 편입하는 사람도 있다.

종합대학교로 진학할 경우 수업료가 무료이고 주거비와 생활비도 지원받다 보니 대부분이 석사를 취득할 때까지 공부를 계속한다. 교사나 변호사, 건축가, 의사 등은 대학교의 관련 학부에 들어간 순간 미래가 어느 정도 결정된다. 또한 배우를 지망하는 사람은 연극학과, 언론인을 지망하는 사람은 저널리즘 학과가 있는 대학교 등 학부가 직업으로 직결되는 종합대학교에 입학한다. 그러나 경제학부, 경영학부, 공학부, 화학부, 정보학부 등은 전문직대학교만큼 직업과 직접적으로 연결되어 있지 않고 배우는 내용도 상세하지 않다. 나중에 도움이 될 것 같아서 경제학부에 왔다는 식으로 명확한 목표 없이 공부하는 사람도 있다.

그래도 수업 자체는 소수정예로 진행되고, 실천에 중점을 두며, 워크숍이나 프로젝트도 한다. 내가 커뮤니케이션 학부에서 공부했을 때도 대학교에 새로 생긴 시설을 소개하는 책자나 홍보지를 수업시간에 제작했다. 석사논문도 기업이나 단체의 의뢰를 받아서 집필하는 경우가 많다. 여름방학 때 일을 하거나 반년 일정의 장기 연수에 참가하는 학생도 많기 때문에 업무와 공부 사이에 완전히 선이 그어져 있지는 않으며, 각각 서로 연결되어 있는 느낌이다.

공부로
성장한다

　대학교와 직업학교, 전문직대학교, 지역 학습센터 등은 사회인을 대상으로 저렴한 단기·장기 강좌를 다수 보유하고 있다. 이런 강좌를 통해 취직하거나 자격증을 딴 뒤에도 전문성을 더욱 높이거나 새로운 자격을 취득할 수 있다. 이직이나 승진에 활용하기 위해 공부하는 사람도 많다. 전문직대학교에서 강사로 일하는 친구는 '사람들에게 무엇인가를 가르치려면 교육학 지식도 필요하다'며 자신의 전문 분야와는 별개로 교육학과 교사 양성 코스를 공부했다.

　핀란드에는 이처럼 필요에 따라 그때그때 새로운 스킬을 배워 축적하거나 꾸준히 공부를 계속하는 사람이 매우 많다. 내 주위에도 50세에 가까운 나이에 전혀 다른 분야의 일을 해보고 싶다며 보건사가 된 친구가 있다. 육아 경험도 있고 전부터 보건 분야에 대한 관심이 높았기에 그런 경험과 관심을 살리고 싶었다고 한다.

또, 40세가 넘은 나이에 농업을 그만두고 고등학교에 다시 다니기 시작한 친구는 자녀와 같은 시기에 고등학교를 졸업했다. 이후 대학교에 진학해 약사가 되었다. 그녀는 이직을 결정했을 때 태연한 표정으로 "아직 20년은 더 일할 수 있으니까"라고 말했다. 그리고 약사가 된 뒤에도 온라인 강좌와 전문가 대상 연수에 참가해 의료와 약에 관한 지식을 업데이트하는 동시에 고객을 상대하는 기술을 배우고 있다. 그녀의 남편 역시 40세가 넘은 나이에 삼림 비즈니스를 공부해 친구들과 회사를 세웠다.

10년 동안 공부를 계속해 보육사에서 간호사, 심리사 자격을 취득하고, 45세가 넘은 나이에 성과학을 공부해 현재 청소년 상담사로 일하고 있는 싱글맘 친구도 있다.

또한 마케팅 외길을 걸어온 대학 동창은 두 아이를 키우면서 이따금 대학에서 다양한 강좌를 수강하며 자신의 능력을 높이고 있으며, 대학 시절에 이웃이었던 한 남성은 엔지니어링 회사에서 기계 엔지니어로 일하다가 불황 때문에 실직하자 기계설계를 공부해 재취업에 성공했다.

교육이
새로운 능력이 된다

....

핀란드에서는 배움에 끝이 없는데, 이것은 재도전의 가능성이 무궁무진하다는 의미이기도 하다. 연령이나 성별에 상관없이 자신을 발전시킬 수 있으며, 재출발도 할 수 있다. 이것은 내가 핀란드에서 가장 감동받은 부분이기도 하다. 재취업이나 이직에 나이가 전혀 불리하게 작용하지 않는다고는 말할 수 없지만 교육이 그 불리함을 어느 정도 메워주며, 공정하게 평가하는 토양이 갖춰져 있다.

시트라(Sitra, 핀란드 혁신기금)가 2017년에 실시한 고용 조사에 따르면, 노동 연령 인구의 60퍼센트는 지금까지의 커리어에서 다른 직업 혹은 전혀 다른 분야로 이직한 경험이 있다. 그들 중 절반은 이직할 때 새로운 전문성을 개척했거나 학위를 취득했다고 한다. 새로운 공부가 자격을 취득하고 더욱 유의미한 직업으로 이동하는 것을 가능케 하고 있는 것이다.

한편으로 응답자 세 명 중 두 명은 지금까지 커리어를 쌓는 과정에서 실업을 경험했다고 한다. 핀란드의 실업률은 2019년 10월 기준 약 6퍼센트이다. 불황이 찾아오거나 실적 부진에 빠지면 사원을 일시해고 한다. 급여 삭감 같은 방법으로 모두가 함께 극복해나가려 하기보다는 일단 직원을 해고해서 극복하는 것이다. 그리고 실적이 회복되면 믿을 수 없을 만큼 간단하게 과거에 해고했던 사람을 재고용한다. 일시해고가 아니라 완전해고 혹은 자주 퇴직을 재촉하는 경우도 물론 재취업 또는 공부를 지원하거나 일정 기간의 급여를 보장하는 조치는 한다.

이에 대해 한 친구는 "합리화를 위해서 인원을 줄이는 경우가 많기는 하지만, 그래도 할리우드 영화처럼 어느 날 갑자기 일방적으로 해고를 통보받고 울면서 상자에 짐을 챙겨 회사를 떠나는 일은 없으니 그나마 다행인지도 모르겠다. 종업원의 권리는 보호해준다는 게 최소한의 희망이고 핀란드의 좋은 점인 것 같다"고 말했다.

위기를 극복하는
최고의 수단

2017년 시트라의 조사에 따르면 실업을 경험한 사람의 대부분은 실업 기간이 반년 미만이었지만 2년 이상 지속된 사람도 4분의 1이나 되었다. 현실적으로 실업을 가까이 경험하는 핀란드에서 공부는 그 위기를 극복하기 위한 최고의 수단이다.

참고로, 핀란드 고용경제부가 2018년에 실시한 조사 결과 최근 1년 사이에 연수받거나 공부했다는 노동자의 수가 이전보다 증가했다고 한다. 업무 관련 스킬 또는 지식을 높이기 위해 고용주가 제공하는 트레이닝이나 일반적인 소셜 스킬, 웰빙, 안전 위생, IT 스킬 등의 연수는 핀란드에서도 인기가 많다. 고용주가 사원의 연수나 능력 개발에 힘을 쏟는 것은 본인이나 기업에 이익을 가져다주는 동시에 사원의 의욕을 향상시키고 조기퇴직을 방지하며 정년 이후에도 오랫동안 계속 일하게 하는 효과가 있다고 한다.

그 밖에도 자기 주도적 학습, 친구나 동료들과 함께 공부하며 서로에게 배우는 동료 학습, 실습 등 배움의 형태는 다양하다. 핀란드 통계국에 따르면 민간 기업에서는 업무와 관련된 학습, 원격 이러닝이 일반화되어 있으며, 사원의 38퍼센트가 장래의 이직을 염두에 두고 공부하고 있다고 한다. 좀 더 자신을 발전시키고 새로운 가능성을 개척하기 위해 능동적으로 공부에 몰두하는 모습이다.

미래를 내다보고
AI를 공부하다

　세계에서 가장 행복도가 높다고 하는 핀란드에도 과제는 있다. 저출산·고령화, 높은 실업률, 세계화, 도시화 그리고 기후 변동 등 급속한 변화에 대응이 필요하다. 또한 기술 개발이나 디지털화도 엄청난 속도로 진행되고 있으며, 이것은 커다란 기회를 가져오는 동시에 사람들의 불안감을 부추기고 있기도 하다. AI나 자율주행 등도 호의적인 보도가 있는 반면에 이런 것들이 우리의 생활을 어떻게 바꿔놓을지, 일자리를 빼앗아가지는 않을지, 미래에는 기계에 지배당하는 것이 아닌지 걱정하는 목소리도 들린다.

　이런 상황에서 더 나은 미래에 대한 희망을 품으려면 어떻게 해야 할까? 핀란드에는 테크놀로지를 위협으로 느끼기보다 긍정적으로 생각하려는 경향이 있다. 그 예가 헬싱키 대학교의 AI 온라인 강좌다. AI의 기초를 온라인으로 가르치는데, 영어로 진행되기 때문에 핀란드인뿐만 아니라 전 세계 누구나 들을 수 있으며 심지어 무료다. 좋은 것은 적극적으로 공유하자는 핀란드의 정신이 느껴진다.

강좌를 시작하자마자 2만 명이 넘는 사람이 등록했다. 청년부터 고령자, 실업자, 학생, 운전기사, 의사 등 다양한 사람이 듣는다. 국민의 1퍼센트에게 AI 교육을 실시한다는 당초의 목표는 불과 몇 개월 만에 달성되었고, 지금은 110여 개국에서 22만 명 이상이 등록했다고 한다.

초등학교에서는 수년 전부터 프로그래밍을 필수과목으로 가르친다. 여기에는 프로그래머의 양성보다 프로그래밍을 새로운 상식으로 인정하고 모두가 그 기초를 이해하여 좀더 쉽게 테크놀로지와 마주할 수 있도록 만들고자 하는 의도가 있다. 무엇보다 올바른 지식을 얻어서 상대를 이해하면 불필요하게 무서워하거나 혐오하는 일을 막을 수 있다.

핀란드의 의무교육은 '무엇을 공부하는가?'보다 '어떻게 공부할 것인가?'를 중시하는 교육으로 바뀌고 있다. 이 또한 미래를 내다본 개혁이다. 여기에는 학습자가 AI나 프로그래밍 같은 것을 활용하는 방법과 목적을 스스로 찾아내는 것이 중요하다는 생각이 바탕에 깔려 있다.

앞으로 어떻게
일할 것인가

가까운 미래에는 어떻게 일을 하게 될까? 핀란드 고용경제부의 미래 예측 보고서에 따르면, 노동 시간과 노동 방식, 노동 조건이 개인에 따라 상당히 달라질 것이다. IT 기술의 발전으로 업무 방식이나 내용이 변화하고, 새로운 것을 배우고 자신을 관리하며 비판적으로 생각하는 기술이 요구되는 한편 현 기술 다수가 필요성이 감소할 것이다.

가치관이나 라이프 스타일도 다양화된다. 고령화로 인해 노동인구가 감소하면 기업은 인재 확보나 생산성 향상을 위해서라도 개인 맞춤 조건을 제시해야 할 것이다.

핀란드 국가기술연구센터도 가까운 미래에는 장소나 집단보다 '개인'에게 초점을 맞춘 형태로 조직이 변화할 것이라고 했다. 따라서 고용자와 노동자 모두 경제적인 부분뿐만 아니라 워킹라이프(일+인생)를 생각할 필요가 있다.

일과 생활의 균형
세계 1위

핀란드 고용경제부는 다양한 산업 단체, 노동조합, 조직
등과 손을 잡고 2013년에 '워킹라이프 2020' 프로젝트를
시작했다. 이 프로젝트의 목적은 2020년까지 핀란드의 워
킹라이프를 '유럽 최고'로 만드는 것이었다. 이를 통해 핀
란드의 경쟁력을 높이고 새로운 고용을 창출하며 기능적
이고 수익성이 높은 직장을 만든다는 목표였다.

프로젝트 자체는 2019년에 종료된 상태인데, 헬싱키가
일과 생활의 균형에서 세계 최고의 도시가 되고 전체적인
웰빙이 향상되는 등 미래를 대비한 초석을 어느 정도 쌓는
데 성공한 것으로 보인다. 그리고 2019년 6월 핀란드 정부
는 향후 4년간의 목표에서 유럽 최고가 아니라 세계 최고
의 워킹라이프를 지향한다고 발표했다. 모든 개인의 지식
과 스킬이 효과적으로 활용되며 웰빙이 충실한 직장, 유능

한 전문가를 보유한 국가가 되는 것이 핀란드의 경쟁력을
높이는 길이라고 생각하기 때문이다.

냉정하게 바라보고
노력한다

핀란드인에게 핀란드의 어떤 점을 좋아하느냐고 물어보면 아름다운 자연, 안심·안전·안정, 최소한의 생활이 보장되어 있는 복지, 기회의 평등 같은 말이 나온다. 물론 빈곤이 전혀 없는 것은 아니며, 살고 있는 사람들의 이야기를 들어보면 '최근 들어서 양극화가 심해지고 있다'고 느끼는 부분이 있는 듯하다. 그러나 설령 실업 중에도 머물 곳이 있고, 교육의 기회가 평등하기에 본인의 노력이나 주위의 도움을 통해 빈곤으로부터 벗어날 수 있으며, 자신의 실력으로 승부할 수도 있다.

실제로 친구 중 몇 명은 혼자서 자녀를 키우고 있다. 그러나 장기간 일자리를 구하지 못한 상황에서도 평범하게 생활하고, 자녀들은 각자의 방을 가지고 있으며 교습도 받고 있다. 그 밖에 부부가 함께 학생인 친구나 정사원이 아닌 계약직으로 일하는 친구도 있는데, 다들 소박하지만 넓은 아파트에 살면서 어느 정도 안정된 생활을 하고 있으며, 자녀에게도 가난의 그림자는 찾아보기 어렵다.

그럼에도 핀란드인은 "핀란드 안에 있으면 과제가 산적해 있고 유연성도 부족하다는 느낌을 받아"라며 비판적인 시선으로 보는 것을 잊지 않는다. 행복한 나라라는 조사 결과가 나왔어도 그것에 안주하지 않고 과제를 냉정하게 바라보며, 문제를 해결해가기 위해 다양한 시행착오와 노력을 하고 있다.

이것은 업무나 생활의 측면에서도 마찬가지다. 핀란드에서는 법률 등을 통해 노동자의 권리를 보호하고 있지만, 노동자 자신도 바라는 직장이나 환경을 만들기 위해 적극적으로 관여한다. 친구들은 "핀란드의 기업 풍토는 교섭과 대화를 전제로 삼고 있어. 고용주는 사원에게 일방적으로 통고할 수 없고, 사원은 자신의 희망이나 의견을 말할 수 있지"라고 말했다.

흔히 핀란드인은 부끄러움을 많이 탄다고 하지만, 솔직한 상호 커뮤니케이션도 중요하게 여기며 공정한 규칙을 바탕으로 신뢰와 합의가 있는 관계를 만드는 모습을 엿볼 수 있다.

　안정된 생활 기반이 있고 웰빙과 신뢰, 열린 관계성을 중요하게 여기는 핀란드. 항상 냉정한 눈으로 바라보며 개선을 위한 노력을 아끼지 않는 한편, 심플한 생활과 자신을 소중히 하는 것 또한 잊지 않는다. 각자가 자신이 어떻게 살아가며 어떻게 일할 것인지를 생각하며, 그것을 인정하고 최대한 배려한다. 이것이 행복과 지속 가능한 미래를 만들어나가는 길이라는 생각이 든다.

일도 인생도
소중히

예전에 일본으로 출장 온 핀란드인에게 들었던 말이 지금도 잊히지 않는다.

"컵에 모래를 가득 담고 손가락을 찔러 넣었다가 빼면 어떻게 될까? 즉시 구멍이 생기지만 그 구멍은 순식간에 메워지고 말아. 조직도 마찬가지야. 자신이 빠져나가더라도 반드시 주위 사람들이 그 구멍을 메워준다고. 그러니까 안심하고 빠져나가도 돼."

이것은 긴 시간 동안 일하는 일본인을 보고 한 말이 아닐까 생각한다. 당시 이 말을 들었을 때는 참 냉정하다고 생각했지만, 묘하게 수긍 가는 부분도 있었다. 인간은 누구나 의지가 되는 유일무이한 존재이고 싶다는 생각에서 열심히 노력하는 부분이 있다. 특히 직장에서 자신의 존재감을 높이고 싶은 마음은 국가나 업무의 내용과 상관없이 누구에게나 있을 것이다. 그래서 핀란드인도 공부를 계속해 자신을 발전시키려고 노력하는 것이다. 다만 한편으로는 이 말처럼 조직과 자신을 냉정하게 바라보는 부분도 있다.

회사나 국가가 워킹라이프를 중시하고 개인을 생각하며, 노동자도 자신의 삶을 소중히 여기는 시대가 찾아오고 있다. 자신을 소중히 여기는 것은 결코 일을 등한시하는 것이 아니다. 다양한 압박감과 스트레스를 받는 시대이기에 더더욱 모든 것에서 해방되어 자신의 시간을 누리거나 가족 또는 친구들과 시간을 보내며 재충전한다. 그렇게 다시 활력을 채우고, 새로운 영감을 얻기도 한다.

일본과 핀란드는 인구 규모도 제도도 문화도 다르다. 다만 사람들의 일상생활이나 행복, 인생의 가치관은 그리 크게 다르지 않을 것이다. 가능하다면 일도 인생도 모두 충실히 하고 싶다는 생각은 모든 사람의 마음속에 있을 것이다. 다만 핀란드는 그 욕구를 솔직하게 다른 사람에게 공개적으로 말하는 것이 용납되며, 그만큼 상대의 욕구도 허용하는 관용이 있다. 일하는 것은 여러 의미에서 인생의 커다란 부분을 차지한다. 회사에 있는 시간이나 실질적으로 일하는 시간뿐만 아니라 생활 전체나 인생 전반에 대해 스스로 생각하고 자신의 희망을 솔직하게 말할 수 있는 분위기를 만들며 서로에게 관용을 보이는 것이 중요하다고 느낀다.

많은 나라에서 현재 일하는 방식 개혁에 대한 논의가 진행되고 있으며 커다란 전환기를 맞이하고 있다. 법률이나 제도를 바꾸려면 시간이 걸리지만, 먼저 자신의 생활을 되돌아보는 것, 의식을 조금 바꾸는 것, 관용의 마음을 갖는 것은 당장이라도 시작할 수 있다. 이 책에서 소개한 핀란드의 예가 조금이나마 그 계기가 된다면 기쁠 것이다.

일도 생활도 소중히 여길 때 비로소 행복하게 일할 수 있으며 행복하게 살 수 있다고 믿는다.

닫는글

　행복이란 무엇일까? 행복지수 순위에서 1위를 차지했으니 핀란드는 행복하고 일본은 그렇지 않은 것일까? 아니, 그렇지는 않다.

　행복이라는 키워드로 핀란드를 소개하면 핀란드인은 반드시 "그렇게 환상적인 나라도 아니고, 딱히 여유 있게 살고 있지도 않아"라든가 "우리가 얼마나 바쁘게 살고 있는지, 살기 위해 얼마나 필사적으로 발버둥 치고 있는지도 전해줘"라고 한마디 한다. 분명히 학창 시절에 많은 시간을 함께 보냈던 핀란드 친구들은 현재 일적으로나 사생활에서나 정신없이 바쁘게 살고 있다. 결코 항상 유유자적하게 살고 있는 것은 아니다. 결혼, 이혼, 재혼, 이직, 출산, 육아, 부모의 고령화 등 다양한 인생을 경험하며, 그때마다 다른 나라 사람들과 크게 다르지 않은 고민도 한다.

그렇지만 나는 핀란드가 행복지수 세계 1위라는 사실을 충분히 수긍한다. 아무리 바쁘더라도 가족이나 사생활에 쏠 시간이 있다. 아름다운 자연과 만날 기회도 시간도 있다. 경제 상황에 크게 좌우되지 않고 공부하고자 하는 사람은 공부하고 싶을 때 할 수 있다. 웰빙을 생각하며 '쉴' 수 있다. 태어나고 자란 환경과 상관없이 연구자나 정치가, 의사 등 희망하는 직업을 가질 수 있다.

　이 글을 쓰고 있는 지금 이 순간에도 34세의 여성 총리 산나 마린이 탄생했고, 연립정권 당 대표 중에 30세 전반의 여성이 많다는 사실이 세계적인 화제가 되고 있다. 성별이나 나이에 구애받지 않고 공정하게 능력을 평가하는 핀란드다운 모습이다. 특히 총리가 된 산나 마린은 가난한 가정에서 태어나 어머니와 동성 파트너의 손에 자랐고, 다양한 아르바이트를 경험하며 대학교까지 공부를 계속했다. 정치가로서는 20대에 시의원과 시의회 의장을 역임했고, 30세에 국회의원으로 당선되었다. 그리고 출산휴가를 거친 뒤 장관, 총리로 착실하게 정치가의 커리어를 쌓아가면서도 사생활을 충실히 유지하고 있다. 그녀는 모두가 평등하게 교육받고 힘을 발휘할 기회가 있으며, 주위의 공정한 평가를 받을 수 있고, 일과 가정의 양립을 지향할 수 있는 핀란드의 장점을 상징하는 인물로서 꿈과 희망을 준다.

이 뉴스 또는 일하는 방식 등 핀란드에 관한 이야기를 듣고 "너무 부러워" "일본은 글렀어" 같은 말을 하는 사람을 종종 보는데, 그런 말만 하고 끝낼 일은 아니라고 생각한다. 나는 일본에서 현지 직원으로서 일본의 법률이나 제도를 따르는 가운데 핀란드적인 방식으로 일하고 있다. 보통은 이것을 너무나 당연하게 여긴 나머지 이런저런 불만도 많이 느끼지만, 일본 친구들과 이야기를 나눠보면 유연하고 개인을 소중히 대하는 환경에서 일하는 내가 행운아임을 느끼게 된다. 그렇기에 더더욱 다음 세대를 위해 좀 더 살기 좋은, 꿈을 가질 수 있는 사회가 되었으면 좋겠다고 강하게 바라며, 우리가 그런 사회를 만들어나가야 하지 않겠느냐고 생각한다. "우리 나라는 문화가 다르니 어쩔 수 없어"라며 쉽게 포기해버리지는 않았으면 좋겠고, 지금의 내가 그렇듯이 국내 시스템 안에서도 전체의 의식이 바뀐다면 실현할 수 있는 일이 많다고 믿는다.

과거에 내가 핀란드를 보고 '이런 일하는 방식, 이런 생활 방식도 다 있구나' 하고 감탄하며 시야를 넓혔듯이, 여러분도 이 책을 통해 무엇인가를 생각하고 생활을 되돌아보는 계기를 마련하기를 바란다.

이 책에는 지금까지 내가 만나 온 수백, 수천 명이나 되는 핀란드인에게 들은 말과 경험이 담겨 있다. 누군가 내게 핀란드에서 무엇을 제일 많이 공부했고 어떤 분야에 자신이 있느냐고 물어본다면 그 대답은 '사람'일지도 모른다. 함께 살았던 룸메이트나 매일같이 커피를 마시면서 이야기를 나눴던 근처의 친구들과는 지금도 친하게 지내며 자주 연락을 주고받고 있다. 대학 소개로 알게 된 가족은 내 마음속에 제2의 가족으로 자리 잡고 있으며, 지금도 친척 행사가 있을 때면 연락이 온다. 나를 딸처럼 생각하고 신경 써주시는 친구의 부모님, 지금도 나를 계속 격려해주시는 교수님과 대학교 직원들, 형제처럼 친하게 지내고 있는 전 동료와 친구의 자녀들, 취미를 통해 알게 된 나이도 사는 곳도 다양한 친구들⋯⋯. 그런 많은 사람이 살아가는 모습을 보면서 많은 자극과 배움을 얻어왔으며, 앞으로도 계속 그럴 것이다.

마지막으로, 항상 많은 가르침을 주는 핀란드 친구들, 이 책을 만드는 데 도움을 주신 편집부의 곤도 준 씨와 포

플러 사의 여러 직원분, 내 직장 동료들 그리고 모든 인연
과 협력에 감사의 인사를 전한다. 키토스(고맙습니다)!

2019년 12월

호리우치 도키코

옮긴이 김정환

건국대학교 토목공학과를 졸업하고 일본외국어전문학교 일한통번역과를 수료했다. 21세기가 시작되던 해에 우연히 서점에서 발견한 책 한 권에 흥미를 느끼고 번역의 세계를 발을 들여, 현재 번역 에이전시 엔터스코리아 출판기획 및 일본어 전문 번역가로 활동하고 있다. 경력이 쌓일수록 번역의 오묘함과 어려움을 느끼면서 항상 다음 책에서는 더 나은 번역, 자신에게 부끄럽지 않은 번역을 할 수 있도록 노력 중이다. 공대 출신의 번역가로서 공대의 특징인 논리성을 살리면서 번역에 필요한 문과의 감성을 접목하는 것이 목표다. 야구를 좋아해 한때 'imbcsports.com'에서 일본 야구 칼럼을 연재하기도 했다.
『일을 잘 맡긴다는 것』『이익을 내는 사장들의 12가지 특징』『심플하게 일한다』『신의 멘탈』『습관을 바꾸는 심리학』 등 경제·경영 및 자기계발 분야의 도서를 다수 번역했다.

오후 4시부터 자유로워지는 일습관

ⓒ 호리우치 도키코, 2021

초판 1쇄 인쇄일   2021년 4월 23일
초판 1쇄 발행일   2021년 4월 30일

지은이   호리우치 도키코
옮긴이   김정환
펴낸이   정은영
편집   문진아 최성휘 김정택 정사라
마케팅   최금순 오세미 김하은 박지혜
제작   홍동근

펴낸곳   (주)자음과모음
출판등록   2001년 11월 28일 제2001-000259호
주소   04047 서울시 마포구 양화로6길 49
전화   편집부 (02)324-2347, 경영지원부 (02)325-6047
팩스   편집부 (02)324-2348, 경영지원부 (02)2648-1311
이메일   jamoteen@jamobook.com

ISBN   978-89-544-4691-4(03190)